SERMÕES DE NATAL

3ª edição

Tradução
Emérico da Gama

Conheça nossos clubes — Conheça nosso site

@ @editoraquadrante
♪ @editoraquadrante
▶ @quadranteeditora
f Quadrante

São Paulo
2023

Título original
Sermones de Navidad

Copyright © 2010 Quadrante Editora

Capa
Gabriela Haeitmann

Dados Internacionais de Catalogação na Publicação (CIP)

Claraval, São Bernardo de
 Sermões de Natal / São Bernardo de Claraval; tradução Emérico da Gama – 3ª ed. — São Paulo: Quadrante, 2023.

 ISBN: 978-85-7465-575-8

 1. Literatura - Coletâneas 2. Natal - Sermões I. Título
CDD-242

Índice para catálogo sistemático:
1. Sermões : Natal : Coletâneas : Literatura 242

Todos os direitos reservados a
QUADRANTE EDITORA
Rua Bernardo da Veiga, 47 - Tel.: 3873-2270
CEP 01252-020 - São Paulo - SP
www.quadrante.com.br / atendimento@quadrante.com.br

SUMÁRIO

PREFÁCIO.. 5

NA VIGÍLIA DO NATAL............................... 19

NO DIA DE NATAL 63

NA EPIFANIA DO SENHOR 111

PREFÁCIO

Em abril de 1112, um grupo de jovens nobres da Borgonha batia às portas da abadia de Cister, entre os canaviais do Saône. «Que desejais?», perguntou-lhes o abade, Estevão Harding. E o chefe do grupo, de nome Bernardo, terceiro dos sete filhos do castelão de Fontaines Tescelin, respondeu em nome de todos: «A misericórdia de Deus e a vossa».

Convencidos por ele, acompanhavam-no mais cinco dos seus irmãos e outros trinta amigos. Bernardo tinha nessa altura 22 anos. Assim começou o seu itinerário rumo à santidade uma figura que dominou todo o seu século, logo reconhecida como asceta, místico, taumaturgo, e mais tarde como um defensor da autoridade pontifícia, um homem de Deus na política, o pregador, a pedido do papa Inocêncio III, da segunda Cruzada: essencialmente um homem da Igreja — *vir Ecclesiae* —, segundo resume Thomas Merton*.

Em junho de 1115, o abade de Cister encarrega-o de fundar um novo mosteiro no vale do planalto de Langres, na fronteira da Borgonha, que viria a tornar-se famoso sob o nome de Claraval, o «claro vale». Nesse mosteiro, do qual seria abade durante trinta e oito anos, Bernardo entregou-se a uma vida penitente, vivendo inicialmente numa cabana, alimentando-se apenas de pão de cevada, sorgo e ervilhaca, raízes e bolotas, condimentados unicamente com sal e azeite. Toda essa austeridade comprometeu-lhe

---

(*) Este prefácio baseia-se nos dados e ideias do Prefácio do Thomas Merton à obra *Honey and Salt*; na *História da Igreja*, de Daniel-Rops, vol. III, Quadrante, São Paulo, 1993, págs. 94-135; e na Encíclica do Papa Pio XII que leva por nome *Doctor mellifluus*.

a saúde e o médico obrigou-o a descansar por um ano e a tomar uns remédios que, para infelicidade do paciente, não só não lhe restituíram a saúde, mas o deixaram doente para o resto da vida.

Passados uns anos após a fundação de Claraval, Bernardo encontrou, porém, o ponto de equilíbrio entre a ascese necessária e as exigências da natureza humana. No dizer de São Francisco de Sales, «tornou-se doce, suave, amável, afetuoso e condescendente, fazendo-se tudo para todos, para ganhar a todos», sem por isso abdicar, para si e para os que o seguiam, de uma existência de renúncia, de jejum, de trabalho e de sacrifício. Nas suas próprias palavras, aprendeu o valor daquilo a que chamou «a fuga da justiça para a misericórdia».

Amava os seus monges como filhos, e é emocionante ler as cartas que lhes escrevia quando se tinha de ausentar do mosteiro: «Se a minha ausência vos custa, a vossa custa-me muito mais.

Ninguém poderá duvidar disso, porque a partilha entre nós é desigual; não sofremos a mesma pena. Vós estais privados apenas de mim, mas eu sinto a falta de todos vós...» E costumava dizer: «Repousemos no coração daqueles que amamos, como aqueles que amamos repousam no nosso coração». Foi por esse coração grande que, vendo-o pregar «com o rosto emaciado pela fadiga e pelos jejuns, pálido, de aspecto espiritualizado, os ouvintes se deixavam persuadir, mesmo antes de ele abrir a boca». No momento em que morreu, Claraval contava setecentos monges!

Mas não foi só isso. Claraval fez mais do que crescer: formou um enxame. Em 1118, era fundada uma primeira «filha» em Trois-Fontaines, na diocese de Châlons; pouco depois, Fontenay e Foigny; a seguir, em regiões cada vez mais distantes, Igny na Champagne, Boumont na região de Vaud, Eberbach às margens do Reno, Chiaravalle na Itália e Fountaines na Inglaterra. Em 1153, ano da morte de Bernardo, dependiam de Claraval cento e sessenta mosteiros espalhados por toda a Europa.

Tudo isso, mais tantas atividades e intervenções, mesmo em relação a membros de outras ordens religiosas, a sua defesa da fé católica na disputa com Abelardo, na luta contra a heresia albigense, o apoio e conselhos que deu ao papa Inocêncio III — cisterciense como ele e a quem trata como filho —, as obras que escreveu — entre elas, o *De consideratione*, carta magna para os Papas —, e ainda a sua atuação como pacificador entre os príncipes da época, como pregador da segunda Cruzada de quem foi a alma — teve que deixar recortar o seu hábito para se fazerem as cruzes para o peito do combatentes —, tudo isso resultou do que nele é essencial: o ardor que pôs em buscar a união com Deus, em concentrar-se na contemplação dos mistérios divinos.

Nem os problemas de ordem material na administração de Claraval, nem os planos arquitetônicos para a construção de abadias num estilo despojado na sua grandiosidade, nem os desgostos que lhe causaram a morte e as defecções de pessoas amigas, nada disso lhe prejudicou, antes potencializou a consciência do amor de Deus por ele: «Meu Deus — exclamava —, como me amais!, como me amais!», e o imperativo da sua correspondência a esse amor: «Compreendei com que medida, ou antes sem qualquer medida, Deus merece ser amado — Ele que, sendo tão grande, nos amou primeiro, gratuita e completamente, a nós que somos tão pequenos e tão miseráveis! Se o nosso amor remonta a Deus, remonta à imensidade, ao infinito, porque Deus é infinito e sem limites. Quais poderiam ser então — pergunto-vos — o termo e a medida do nosso amor?» E conclui: «A medida do amor a Deus é amá-lo sem medida».

Nada mais merecido, por conseguinte, do que «o qualificativo de *Doutor melífluo* que Mabillon lhe daria*, caracterizando perfeitamente essa amálgama feliz de ternura, de força insinuante e de firme doçura no comportamento que se plasmou em todos os seus sermões, cartas e obras». No oitavo centenário da sua morte, o papa Pio XII publicou uma encíclica (24-5-1953) intitulada precisamente *Doctus mellifluus*, em que faz sua esta outra definição também da pena de Mabillon: Bernardo de Claraval, «o último dos Padres da Igreja, mas certamente não inferior aos primeiros».

Característica da sua vida e escritos foi a que o papa salientou nessa encíclica: «A sua doutrina esteve quase toda impregnada das páginas da Sagrada Escritura e dos santos Padres, que dia e noite tinha à mão e meditava profundamente, não das

---

(*) Mabillon, *Bernardi opera*, Prefácio, n. 23.

sutis disputas dos dialéticos e filósofos». Dizia Bernardo: «Pedro, André, os filhos de Zebedeu e os seus condiscípulos não foram escolhidos numa escola de retórica ou de filosofia; no entanto, foi por intermédio deles que o Senhor levou a cabo a obra da salvação». Impressiona que tenha comentado durante cerca de vinte anos o *Cântico dos cânticos,* em noventa e seis sermões de uma fecundidade inesgotável.

O cerne das suas reflexões girou ardentemente em torno de Cristo, Deus feito homem. É de um dos seus sermões este trecho que Pio XII cita no seu documento ao falar do amor de Bernardo por Jesus: «O que é que enriquece a alma que medita e que dá força às virtudes, faz prosperar os costumes bons e honestos, suscita puros afetos? É árido todo o alimento da alma se não tiver esse azeite, se não for temperado com esse sal. Se escreves alguma coisa, não gosto se não leio Jesus. Se discutes e falas, não me agrada se não ouço Jesus. Jesus é mel na boca, doce melodia no ouvido, alegria no coração».

O ciclo dos seus sermões — diz Daniel-Rops — «constitui uma biografia mística completa do Salvador. Para falar do recém-nascido de Belém, emprega palavras muito simples, pungentes, em harmonia com essa humildade; e o estábulo, a palha e até os pobres paninhos fornecem-lhe matéria para inúmeros símbolos de significado glorioso». E o mesmo autor comenta: «Na basílica de Nossa Senhora do Sagrado Coração, em Issoudun, vê-se um vitral que representa Cristo e São Bernardo frente a frente; e para sublinhar bem os sentimentos dos dois personagens, o artista escreveu na altura do coração do Senhor o nome de "Bernardo", e sobre o peito do monge branco o nome de "Jesus". Profunda compreensão da alma do grande místico».

Esse amor apaixonado do *Doutor melífluo* pela humanidade de Cristo transborda nos seus sermões sobre o Natal, dos quais publicamos alguns nas páginas que se seguem. Todos eles se desenrolam principalmente em torno das palavras do Apóstolo: *Apareceu a benignidade e a humanidade de Deus, nosso Salvador* (Tt 3, 4). Todos eles nos convidam a aproximar-nos sem temor do Deus que nasce: «Que temes, homem? Por que tremes ante a presença do Senhor porque vem? Não vem julgar a terra, mas salvá-la. Não vem com armas, não te procura para castigar-te, mas para te salvar. E para que não voltes a dizer [como Adão]: *Ouvi a tua voz e escondi-me*, olha-o infante e sem voz [...]. Fez-se criança; a Virgem-Mãe cinge em faixas os seus tenros membros, e ainda te assustas?»

Não se espere, porém, encontrar nestes sermões uma linguagem adocicada, que apenas comove e nos dá confiança, mas não nos faz refletir no que Cristo nos pede em correspondência ao seu aniquilamento. Basta pensar nos três graus em que São Bernardo faz consistir a ciência divina:

o primeiro, *o arrependimento e a dor*; o segundo, *a emenda dos costumes*: que «reprimas a gula, elimines a luxúria, abatas a soberba e faças o corpo servir a santidade, como antes servia a iniquidade»; e o terceiro, a *solicitude* que leva à diligência em começar a andar com Deus.

Como fruto dessa ciência, o *Doutor Melífluo* pede outras três coisas:

Em primeiro lugar, a fé: «Não nasce Cristo num coração a quem falta a fortaleza da fé, que é pão de vida, segundo diz a Escritura: *O justo vive da fé* (Hab 2, 4), porque a verdadeira vida da alma (que é o próprio Deus) não habita agora em nossos corações senão pela fé».

Em segundo lugar, a humildade que nos leva a pedir o perdão dos nossos pecados: «Preparemo-nos com a confissão dos nossos pecados para estar diante do Senhor, de modo que, santificados e bem preparados, sejamos também Belém de Judá e mereçamos ver o Senhor nascer em nós mesmos». Porque o espírito do

Filho de Deus não repousa senão no homem «quieto e humilde e que estremece ante as suas palavras: nem pode haver sociedade alguma entre a eternidade e tanta mutabilidade, entre Aquele *que é* e aquele que nunca permanece num mesmo estado», por não querer sair da instabilidade do pecado.

Em terceiro lugar, enfim, que Cristo nasça *de nós* pela ação apostólica: «Se alguma alma progride tanto [...] que chegue a ser virgem fecunda, que seja estrela do mar, que esteja cheia de graça e tenha também o Espírito Santo que desça sobre ela, penso que não desdenhará [fazer o Menino-Deus] nascer nela, mas também dela». Verá então que o próprio Senhor lhe aponta com o dedo os que tem à sua volta e lhe diz: *Eis aqui a minha mãe e os meus irmãos* (Mt 12, 49). E escutará o Apóstolo que o insta a experimentar por esses irmãos o mesmo que ele: *Filhinhos meus, por quem sinto de novo dores de parto, até que Cristo se forme em vós* (Gl 4, 19)».

Em todos estes sermões natalinos está presente, muitas vezes explicitamente, a Virgem-Mãe, por quem São Bernardo teve uma «devoção terna e suave», como diz Pio XII ao finalizar a sua encíclica: «Ao seu amor ardente por Jesus Cristo unia-se uma devoção terna e suave à sua excelsa Mãe, que amava e venerava com filial ternura. Tinha tanta confiança no seu patrocínio que não receou escrever: "Deus quis que não recebêssemos nada que não passasse pelas mãos de Maria" (Sermão 3 da vigília do Natal). E de novo: "Tal é a vontade dAquele que quis que tudo tivéssemos por meio de Maria" (Sermão na Natividade de Maria)».

Jesus nasce de Maria e é tudo o que Maria tem para nos dar. Descrevendo o famoso quadro de Murillo, a «Lactação de São Bernardo», comenta Daniel-Rops: «O grande abade está de joelhos, com os braços abertos e o olhar fixo na Virgem Maria, que, como uma mãe, descobre o seio para alimentar o seu servo.

A graciosa imagem exprime uma verdade. O amor à Mãe de Jesus, a sua reverência apaixonada por Aquela que Bernardo foi um dos primeiros a chamar *Nossa Senhora*, ocupam um lugar de primeiro plano no seu pensamento místico. Conta uma tradição que, ao ouvir os seus irmãos cantarem a Salve-Rainha, Bernardo não pôde resistir à torrente de amor que o inundava e exclamou: "Ó clemente, ó piedosa, ó doce", palavras que teriam sido incluídas nessa oração em sua memória». Seja como for, do que não há dúvida é de que foi com palavras suas que se compôs a maravilhosa súplica do *Lembrai-Vos*».

São Bernardo morreu em 20 de agosto de 1153, em Claraval. Em 1174, foi canonizado por Alexandre III. E coube ao papa Pio VIII proclamá-lo Doutor da Igreja universal, pelo breve *Quod unum*, de 13 de julho de 1830.

NA VIGÍLIA DO NATAL

«Jesus Cristo, Filho de Deus, nasce em Belém de Judá»

Ressoou uma voz de alegria na nossa terra, ressoou uma voz de júbilo e de salvação nas tendas dos pecadores. Ouviu-se uma palavra boa, uma palavra de consolo, uma frase transbordante de suavidade, digna de todo o apreço. Elevai, montes, a voz do louvor e aplaudi com as mãos, árvores de todas as selvas, a presença de Deus, porque Ele vem. Escutai, céus, e tu, terra, está atenta; admira-te e rompe em louvores ao Senhor, universo das criaturas. Mas tu, homem, muito mais. *Jesus Cristo, Filho de Deus, nasce em Belém de Judá*. Quem terá o coração tão empedernido que a sua alma não se derreta ao ouvir esta palavra? Que coisa mais consoladora se podia anunciar? Que coisa mais encantadora se podia dizer? Que coisa igual a esta se ouviu alguma vez ou que coisa semelhante o mundo escutou?

Jesus Cristo, Filho de Deus, nasce em Belém. Ó expressão concisa sobre a Palavra condensada, mas cheia de fragrância celestial! O afeto esforça-se por derramar com as mais amplas expressões a abundância desta suavíssima doçura, mas não encontra palavras com que traduzi-la. Tanta é a graça contida nestas palavras únicas, que imediatamente acho menos sabor se lhes mudo uma só letra.

Jesus Cristo, Filho de Deus, nasce em Belém de Judá. Ó nascimento puro pela sua santidade; digno do respeito do mundo e do amor dos homens pela grandeza do benefício que lhes comunica; impenetrável aos anjos pela profundidade do sagrado mistério que encerra; e em tudo admirável pela singular excelência da sua novidade, pois nunca se viu antes nem se verá depois outro semelhante! Ó único parto sem dor, o único sem mácula, o único sem corrupção, que não profana, mas consagra o templo do seio virginal! Ó nascimento acima da natureza, mas em favor da natureza, e que, ao mesmo tempo que a ultrapassa pela excelência do milagre, a restaura pela virtude do mistério!

Meus irmãos, quem poderá narrar esta conceição? Um anjo traz a embaixada a uma virgem, a virtude do Altíssimo cobre-a com a sua sombra, o Espírito Santo desce, a virgem crê e, com a fé, concebe virgem, dá à luz virgem, permanece virgem: quem não se admirará? Nasce o Filho do Altíssimo, Deus de Deus, gerado antes de todos os séculos; nasce o Verbo infante: quem se admirará o suficiente?

Jesus vem curar e salvar

Não é sem utilidade o nascimento, nem infrutuosa a condescendência da majestade. *Jesus Cristo, Filho de Deus, nasce em Belém de Judá.* Vós, que estais prostrados no pó, despertai e louvai a Deus. Vede que o Senhor vem com a salvação, vem com perfumes, vem com glória. Porque Jesus não pode vir sem a salvação, nem Cristo sem a unção, nem o Filho de Deus sem glória, pois Ele é salvação, unção e glória, segundo está escrito: *O filho sábio é a glória do pai* (Pr 11, 1). Ditosa a alma que, tendo provado o fruto da sua salvação, é atraída e corre atrás do odor dos seus perfumes para chegar a ver a sua glória; glória de quem é o Filho único do Pai.

Os que estais perdidos, respirai: Jesus vem buscar e salvar o que tinha perecido. Os que estais doentes, convalescei: vem Cristo, que sara os contritos de coração com o unguento da sua misericórdia. Exultai todos os que aspirais a coisas grandes: o Filho de Deus desce a vós para vos fazer coherdeiros do seu reino. Por isso imploro: cura-me, Senhor, e ficarei curado; salva-me e serei salvo; glorifica-me e serei glorificado. E a minha alma bendirá o Senhor, e tudo o que houver no meu interior o seu santo Nome, quando perdoares todas as minhas iniquidades, curares todas as minhas enfermidades e satisfizeres o meu desejo, cumulando-me dos teus bens. Estas três coisas, amadíssimos, são as que saboreio quando ouço anunciar que nasce Jesus Cristo, o Filho de Deus.

Porque, que razão há para que o chamemos Jesus, senão porque *Ele salvará o seu povo dos seus pecados*? (Mt 1, 11). Por que quis chamar-se Jesus, senão porque *Ele tirará dos teus ombros o peso que te foi imposto, e o seu jugo desaparecerá do teu pescoço*? (Is 10, 27). Por que o Filho de Deus se fez homem, senão para fazer dos homens filhos de Deus? E quem há que resista à sua vontade? Jesus é quem justifica: quem poderá Ele condenar? Cristo é quem cura: a quem poderá ferir? O Filho de Deus exalta: a quem poderá humilhar?

Um grande dadivoso

Nasce, pois, Jesus: alegre-se todo aquele a quem a consciência dos seus pecados o sentencie à morte eterna, porque a compaixão de Jesus excede todo o número e gravidade dos delitos. Nasce Cristo: alegre-se todo aquele que era vencido pelos antigos vícios, porque, com a presença da unção de Cristo, de maneira nenhuma pode persistir a enfermidade da alma, por mais arraigada que esteja. Nasce o Filho de Deus: alegre-se aquele que costuma desejar coisas grandes, porque veio um grande dadivoso. Este é o herdeiro, meus irmãos: acolhamo-lo devotamente, porque assim será também nossa a sua herança. Quem nos deu o seu próprio Filho, como não há de dar-nos juntamente com Ele todas as coisas?

Ninguém desconfie, ninguém duvide. Temos um testemunho sobremaneira digno de ser crido: *O Verbo se fez carne e habitou entre nós* (Rm 8, 32). O Filho único de Deus quis ter irmãos para ser Ele o primogênito entre muitos irmãos. E, para que ninguém tema a pusilanimidade da fraqueza humana, primeiro Ele se fez irmão dos homens, fez-se filho do homem, fez-se homem. Se o homem acha isto incrível, os seus próprios olhos já não lhe permitem duvidar.

As profecias cumpriram-se

Jesus Cristo nasceu em Belém de Judá. Observemos que abaixamento tão grande: não nasceu em Jerusalém, cidade real, mas em Belém, que é a menor de todas as principais cidades de Judá.

Ó Belém! Pequena, mas engrandecida pelo Senhor; engrandeceu-te Aquele que, sendo grande, se fez pequeno em ti. Alegra-te, Belém, e cante-se hoje por todas as tuas ruas o festivo aleluia. Que cidade, ouvindo-o, não te invejará esse preciosíssimo estábulo e a glória do seu presépio? Verdadeiramente, o teu nome é celebrado em toda a terra e todas as gerações te chamam bem-aventurada. Por toda a parte se dizem coisas gloriosas de ti; por toda a parte se canta que *um homem nasceu aqui e o Altíssimo a fundou* (Sl 86, 5). Por toda a parte, volto a dizer, se anuncia e se proclama que Jesus Cristo, *Filho de Deus, nasce em Belém de Judá*.

Não sem motivo se acrescenta *de Judá*, porque isto nos traz à memória a promessa feita aos nossos pais: *O cetro não será tirado de Judá, nem o príncipe da sua posteridade, até que venha aquele que será enviado; e ele será a esperança dos povos* (Gn 49, 10). É certo que a salvação vem dos judeus, mas estende-se até os confins da terra. Está escrito: *Ó Judá, os teus irmãos te louvarão; as tuas mãos porão o jugo na cerviz dos teus inimigos*. E lemos ainda outras coisas, que nunca se cumpriram na pessoa de Judá, mas que vemos realizadas em Cristo: Ele é o leão da tribo de Judá, de quem se acrescenta: *Judá é um filhote de leão; lançaste-te sobre a presa, meu filho* (Gn 49, 9). Grande conquistador é Cristo, que, *antes de saber dizer pai ou mãe, se apossou dos despojos de Samaria*. Grande conquistador é Cristo, que, ao subir ao céu, levou cativa a própria catividade. E sem roubar nada, distribuiu bens aos homens. Estas, pois, e outras profecias semelhantes, que se cumpriram em Cristo, como dEle se tinha preanunciado, são as que nos traz à memória a expressão *Belém de Judá*. Já não é necessário perguntar se de Belém pode sair algo de bom.

Como recebê-lo?

O que, sim, devemos perguntar-nos é de que modo quer ser recebido Aquele que quis nascer em Belém.

Talvez alguém pudesse pensar que se deviam procurar palácios faustosos para que o Rei da glória fosse recebido com glória. Mas não foi por isso que Ele veio do trono real. *Na sua mão esquerda estão as riquezas e a glória; na direita, uma longa vida* (Pr 3, 16). No céu havia abundância eterna de todas essas coisas, mas não pobreza. Esta abundava e sobreabundava na terra, mas o homem ignorava o seu valor. O Filho do homem enamorou-se dela, desceu do céu e escolheu-a para si, a fim de, com a sua escolha, fazê-la preciosa também para nós.

Adorna o teu leito, Sião, mas com a pobreza, com a humildade. Estes são os panos que comprazem o Senhor, e Maria assegura-nos com o seu testemunho que são estas as sedas em que Ele gosta de ser envolvido. Sacrifica ao teu Deus as abominações dos egípcios.

Por último, considera que, tendo Jesus nascido em Belém de Judá, tu mesmo deves procurar fazer-te Belém de Judá; e então Ele não desdenhará ser recebido em ti. Belém significa «casa do pão»; Judá significa «confissão» [de fé]. Enche a tua alma com a palavra divina e recebe fielmente, se não com toda a devoção devida, ao menos com quanta possas ter, aquele pão que desceu do céu e dá a vida ao mundo: o corpo do Senhor Jesus. E assim a nova carne da ressurreição renovará e fortalecerá o velho odre do teu corpo a fim de que, melhorado por esse sedimento, possa reter o vinho novo que está dentro. Se, por fim, viveres também da fé, nunca lamentarás teres-te esquecido de comer o teu pão. Far-te-ás Belém, digno certamente de receber o Senhor — desde que não falte a tua confissão. Seja, pois, Judá a tua santificação, reveste-te da confissão e da beleza interior, que é a estola que mais agrada a Cristo nos seus ministros.

Para concluir, o Apóstolo fala em breves palavras destas duas coisas: *É crendo de coração que se alcança a justiça* [a santidade]*, e é professando com palavras que se chega à salvação* (Rm 10, 10). Quem tiver, pois, a justiça no coração terá pão na sua casa, porque a justiça é pão. *Bem-aventurados os que têm fome e sede de justiça, porque serão saciados* (Mt 5, 6). Esteja a justiça no coração, mas que seja a justiça que brota da fé; só esta merece glória diante de Deus. Aflore também aos lábios a confissão para obteres a salvação. E assim receberás com toda a segurança Aquele que nasce em Belém de Judá, Jesus Cristo, Filho de Deus.

«*Hoje sabereis que o Senhor vem e amanhã vereis a sua glória*» *(Ex 16, 7)*

Todos os que habitais a terra e sois filhos dos homens, escutai. Vós que jazeis no pó, acordai e louvai o Senhor, porque virá o médico aos enfermos, o redentor aos escravos, o caminho aos extraviados, a vida aos mortos. Vem Aquele que arrojará todos os nossos pecados ao fundo do mar, Aquele que nos curará de todas as doenças, Aquele que nos levará aos seus próprios ombros para nos devolver à nossa original dignidade. Grande é o seu poder, mas ainda mais admirável é a sua misericórdia, porque assim quis vir Aquele que pode trazer-nos tanto bem.

Hoje, diz-nos, *sabereis que o Senhor vem*. Estas palavras aparecem num lugar e tempo concretos da Escritura. Mas a nossa Mãe a Igreja aplicou-as com todo o acerto à vigília do nascimento do Senhor. A Igreja tem sempre o conselho e o espírito do seu Esposo e Deus, e entre os seus peitos descansa o Amado, que a possui e conserva como principal sede do seu coração. Foi ela sem dúvida que feriu o seu coração e que mergulhou o olho da sua contemplação no abismo dos mistérios divinos, para assim fazerem, Ele nela e ela nEle, uma morada perene. E quando ela altera ou muda de lugar as palavras da Escritura, a nova composição é mais forte que a anterior, e porventura tanto mais forte quanto mais a figura dista da verdade, a luz da sombra, a senhora da serva*.

(*) Levado certamente pelo amor que tem à Igreja, São Bernardo atribui-lhe aqui uma autoridade maior que a que ela mesma afirma ter. A passagem explica-se pela acomodação do sentido da Sagrada Escritura que, com prudência, é lícito fazer de vez em quando.

DOIS DIAS

Hoje sabereis que o Senhor vem. Segundo penso, estas palavras pedem-nos que fixemos a atenção particularmente em dois dias.

O primeiro é aquele em que se deu a queda do primeiro homem e que dura até o fim do mundo; um dia que os santos amaldiçoaram muitas vezes. Tinha amanhecido um dia luminosíssimo, aquele em que Adão fora criado. Mas ele foi expulso e caiu num mundo de misérias e angústias, num dia tenebroso, privado quase completamente da luz da verdade. Todos nós nascemos nesse dia, se é que se pode chamar dia, e não propriamente noite. Ainda bem que aquela misericórdia, sempre maior que os nossos pecados, nos deixou uma centelha da luz da razão.

O segundo dia será o dia dos resplendores dos santos numa perpétua eternidade. Clareará a sereníssima manhã prometida pela misericórdia, em que a noite será vencida pela vitória e as sombras e as trevas se dissiparão. O resplendor da verdadeira luz invadirá tudo, no alto e em baixo, por dentro e por fora. Por isso diz o santo: *Senhor, deixa-me ouvir pela manhã a tua misericórdia* (Sl 141, 8); e também: *De manhã, fomos saciados pela tua misericórdia* (Sl 89, 14).

Mas voltemos ao nosso dia, que pela sua brevidade é comparado ao tempo em que se está de guarda à noite, e mesmo ao nada e ao vazio, como diz alguém familiarizado com o Espírito Santo: *Todos os nossos dias já passaram*; e: *Os meus dias desvaneceram-se como o fumo*; ou: *Os meus dias foram como a sombra que avança* (Sl 141, 8).

Poucos são todos os dias da minha vida, e esses mesmos cheios de muitos males (Sl 89, 14). Assim se exprime o santo Patriarca que viu o Senhor cara a cara e falava familiarmente com Ele. Neste dia de hoje, Deus concede ao homem a luz da razão e da inteligência, mas, para que possa sair do mundo, é necessário que Ele o ilumine com a luz da sua ciência, a fim de que não saia extenuado deste calabouço e sombra da morte e seja incapaz de gozar da luz eternamente.

Por isso o Unigênito de Deus, sol de justiça, como um imenso e irradiante círio luminoso, acendeu-se e iluminou--se na prisão deste mundo a fim de que todos os que queiram ser iluminados tenham acesso e se juntem a Ele de modo que nada os separe. São os nossos pecados que criam a separação entre nós e Deus, mas, se os tirarmos, aproximamo--nos da verdadeira luz e somos iluminados e nos fundimos nela, formando uma só coisa. É como uma vela apagada que se junta diretamente a outra que está acesa, e a seguir arde e brilha; quer dizer, pelas formas visíveis conhecemos a realidade do invisível.

A LUZ DA CIÊNCIA

Como diz o Profeta (Os 10, 12), acendamos nesta tão grande e refulgente estrela a luz da ciência antes de sairmos das trevas deste mundo, não seja que passemos destas trevas para outras trevas, as trevas eternas.

Em que consiste esta ciência? Em saber que o Senhor virá, embora não possamos conhecer o momento em que virá. Isto é tudo o que se nos pede. Dir-me-ás: Mas isto é coisa que todos sabemos. Quem ignora, mesmo que seja cristão só de nome, que o Senhor há de vir julgar os vivos e os mortos e que retribuirá a cada um segundo as suas obras?

Meus irmãos, não são todos os que o sabem, nem mesmo muitos. Sabem-no poucos, porque são poucos os que se salvam. Por acaso achas que os que praticam o mal e se alegram e exultam com a perversão sabem ou pensam que o Senhor virá? Ainda que o digam, não acredites neles, porque *quem diz que conhece a Deus e não guarda os seus mandamentos é um mentiroso* (1 Jo 2, 4). *Professam conhecer a Deus*, diz o Apóstolo, *mas negam-no com as suas obras* (Tt 1, 16). Se soubessem ou temessem que Deus há de vir, não se maculariam com todo o gênero de impurezas, mas vigiariam e não permitiriam que as suas consciências naufragassem tão gravemente.

OS TRÊS GRAUS DA CIÊNCIA

No seu *primeiro grau*, esta ciência produz a penitência e a dor: transforma o riso em choro, o canto em gemido, a alegria em tristeza, e faz com que comecem a desagradar-te as coisas que antes te atraíam tanto, que te horrorizem as coisas que antes te apeteciam tanto. Assim está escrito: *Quem aumenta o saber aumenta a dor* (Ecl 1, 18). O sinal de uma ciência autêntica e santa é a dor que a acompanha.

No *segundo grau*, a ciência leva à emenda dos teus costumes, para que não permitas que os teus membros sejam armas de iniquidade para o pecado, mas reprimas a gula, elimines a luxúria, abatas a soberba e faças o corpo servir a santidade, como antes servia a iniquidade. A penitência sem a emenda de nada aproveitará, como diz o Livro da Sabedoria: *Se o que um edifica o outro destrói, de que servirá esse trabalho inútil? Se um reza e o outro amaldiçoa, de quem ouvirá Deus a voz? Se aquele que se lava depois de ter tocado um morto, volta a tocá-lo, de que lhe serve ter-se lavado?* (Eclo 34, 28 e 30). Como diz o Salvador (cf. Jo 15, 14), deve andar precavido, não seja que lhe aconteça coisa pior. É uma situação que não pode durar muito tempo, se a alma não se vigia e cuida de si mesma com uma circunspeção infatigável.

Por isso, no *terceiro grau*, esta ciência leva à solicitude, fazendo com que o homem, agora cuidadoso e diligente, comece a andar com o seu Deus e a perscrutar por todos os cantos se não haverá nele alguma coisa, por mínima que seja, que ofenda a tremenda Majestade. Esta ciência acende-se na penitência, arde na emenda, brilha na solicitude; é uma renovação interior e exterior.

A LIBERTAÇÃO DO MAL E A ALEGRIA

É aqui que a alma começa a libertar-se da tribulação dos males e das dores, e a suavizar a intensidade do temor com a alegria do espírito. Assim não se afunda no pélago da tristeza ante a enormidade dos seus delitos. Ainda que tema o Juiz, espera no Salvador.

O temor e a alegria andam agora juntos, encontram-se mutuamente no ânimo. Muitas vezes o temor supera a alegria, mas muitas outras a alegria exclui o temor e encerra-o no arcano do seu júbilo. Feliz a consciência em que se trava continuamente esta batalha de afetos, até que a vida triunfe do que é mortal, até que seja eliminado o temor, que é coisa imperfeita, e lhe suceda a alegria, que é perfeita. Porque não é o temor eterno, mas a alegria eterna que será para ela.

Mas, embora já agora arda e resplandeça, não vá ela pensar que já se encontra em sua própria casa, onde, sem receio das rajadas de vento, se costuma trazer a lamparina acesa. Lembre-se de que estamos expostos aos ventos e cuide de proteger com ambas as mãos o que leva; não se fie do tempo, mesmo que não se mexa uma só folha. Porque de repente, e quando menos o pense, mudará, e se, ainda que por instantes, tirar as mãos, a luz apagar-se-á. Ainda que a chama chegue a queimar as mãos, como costuma acontecer, prefira sofrer a retirá-las; num abrir e fechar de olhos, pode apagar-se ao menor sopro.

Nada haveria a temer se estivéssemos naquela casa não edificada pelos homens, mas na morada eterna dos céus, onde nenhum inimigo entra e donde nenhum amigo sai. Mas agora estamos expostos a três ventos malignos e extremamente impetuosos: a carne, o diabo e o mundo, que tentam apagar a consciência iluminada, soprando em nossos corações desejos maus e impulsos ilícitos, e que nos assaltam tão subitamente que mal podemos saber de onde vêm e para onde vão. Dois desses ventos por vezes acalmam-se, mas o terceiro — o mundo — nunca cessa de soprar. Por isso deve-se proteger a alma com as duas mãos, a do coração e a do corpo, não seja que se apague depois de ter sido iluminada.

Ninguém deve render-se ou desanimar, ainda que a violência das tentações aflija veementemente o homem interior e exterior. Devemos repetir com o salmo: *A minha alma está sempre nas minhas mãos* (Sal 118, 109). Prefiramos arder a ceder. E assim como não esquecemos facilmente o que trazemos nas mãos, não esqueçamos o negócio das nossas almas. Seja este o principal cuidado dos nossos corações.

Assim cingidos e de lâmpadas acesas, vigiemos de noite o tropel dos nossos pensamentos e ações, para que, se o Senhor vier no começo da noite, à meia-noite ou de madrugada, nos encontre preparados.

O começo da noite indica a *retidão no agir*, de maneira que sejas consequente com as regras a que te comprometeste, sem transpor os limites estabelecidos pelas práticas da tua peregrinação e da tua vida, sem te desviares nem para a direita nem para a esquerda. A meia-noite significa a *pureza de intenção*, de sorte que o teu olho simples ilumine todo o teu corpo, e tudo quanto fizeres, o faças por Deus, e as graças voltem à sua fonte e fluam sem cessar. A aurora é a *conservação da unidade*, para que, na convivência com o teu próximo, anteponhas sempre os desejos dos outros aos teus e vivas não só sem queixas, mas com alegria entre os teus irmãos, acolhendo a todos, orando por todos, e assim se possa dizer de ti: *Este é o que ama os seus irmãos e o povo de Israel, este é o que ora muito pelo povo e pela cidade santa de Jerusalém* (2 Mac 12, 15).

Foi assim, pois, que o Unigênito de Deus acendeu neste dia da sua vinda a ciência verdadeira; essa ciência que nos ensina que o Senhor virá e que é o perpétuo e estável fundamento de toda a nossa conduta.

Três misturas

E amanhã contemplareis a sua glória. Ó amanhã! Ó dia! Vivido nos átrios do Senhor, vale mais que outros mil dias. Será o mês dos meses, o sábado dos sábados, em que o fulgor da luz e o fervor da caridade iluminarão os habitantes da terra, fazendo-os possuir as altíssimas grandezas da glória. Quem se atreverá a pensar e menos ainda a descrever alguma coisa desse dia? Neste meio tempo, irmãos, edifiquemos e fortaleçamos a nossa fé, e, já que não podemos ver as maravilhas que nos estão reservadas, ao menos contemplemos as maravilhas que por nós se fizeram na terra.

Três obras, três *misturas* fez aquela onipotente Majestade ao tomar a nossa carne, tão singularmente maravilhosas e tão maravilhosamente singulares, que nunca se fizeram nem se farão outras semelhantes sobre a terra: porque ficaram intimamente unidos Deus e o homem, uma mãe e uma virgem, a fé e o coração humano. Admiráveis misturas estas, e mais admiráveis que qualquer milagre, pois se aglutinaram entre si coisas tão diversas e tão díspares.

Contempla primeiro a criação, a ordem e a disposição das coisas. Repara como resplandece na criação o poder de Deus, quanta sabedoria há na ordem, quanta benignidade na composição. Contempla o poder que criou tantas e tão grandes criaturas, a sabedoria de uma ordem meticulosa, a bondade com que se juntaram entre si as coisas supremas e as ínfimas, mercê de uma caridade tão amável quão admirável. Deus incutiu no barro terreno a força vital, e é por ela que transborda nas árvores a louçania das suas folhas, a beleza das suas flores, o sabor e o poder medicinal dos seus frutos. Não contente com isso, acrescentou ao barro a sensibilidade, como há nos animais, que não só têm vida, mas os cinco sentidos. Mas quis enobrecer ainda mais esse barro e dotou-o de razão no caso dos homens, que não só vivem e sentem, mas distinguem entre o vantajoso e o inconveniente, o bom e o mau, o verdadeiro e o falso.

Mas Ele quis sublimar a nossa fraqueza com uma glória ainda mais abundante, e comprimiu a majestade, e o melhor dela — a sua divindade — aglutinou-se ao nosso barro, a fim de que se unissem numa pessoa Deus e o barro, a majestade e a debilidade, tanta baixeza e tanta sublimidade. Não há nada tão sublime como Deus e nada tão vil como o barro; mas Deus desceu ao barro com tanta humildade, e com tanta nobreza o barro subiu até Deus, que se chega a pensar que tudo o que Deus fez, foi o barro que o fez; e tudo o que o barro suporta, parece suportá-lo o próprio Deus. Mistério tão inefável como incompreensível [...].

Esta é a principal mistura e a mais excelente, a primeira das três que mencionamos. Repara, homem, que és barro, e não sejas soberbo; repara que Deus uniu a si mesmo a tua natureza, e não sejas ingrato.

A *segunda mistura* consiste em que uma mesma pessoa é Virgem e Mãe, caso único e admirável. Nunca se ouviu em todos os séculos que uma virgem desse à luz, nem que uma mãe permanecesse virgem. Nunca, segundo a ordem natural, se encontra a virgindade onde está a fecundidade, nem a fecundidade onde se conserva íntegra a virgindade. Só aqui a fecundidade e a virgindade se abraçaram mutuamente. Só aqui se fez o que até então nunca se tinha feito nem nunca voltará a fazer-se, porque nunca se viu antes semelhante coisa nem haverá outra que a repita.

A *terceira mistura* é a união entre a fé e o coração humano; e esta, embora inferior à primeira e à segunda, não é menos forte que elas. É admirável ver como o coração humano adaptou a sua fé a essas duas coisas e como pôde crer que Deus fosse homem e que fosse virgem Aquela que o tinha dado à luz. Assim como não é possível juntar o ferro e um vaso de barro, também essas duas coisas não poderiam juntar-se se o Espírito de Deus não as aglutinasse.

Como crer que seja Deus aquele que está reclinado numa manjedoura, que chora num berço, que tem necessidades como as de qualquer outra criança, que será açoitado, cuspido, crucificado, colocado num sepulcro e encerrado entre duas pedras, sendo excelso e imenso? Como será virgem a mulher que amamenta o filhinho, que tem constantemente o marido ao lado, à mesa, nas dependências da casa, e a leva ao Egito e a traz de lá, e que só com Ela faz uma viagem tão longa e tão secreta? Como pôde persuadir-se disto o gênero humano, o mundo inteiro? E, no entanto, persuadiu-se tão fácil e prodigiosamente que é a própria multidão dos que creem que o tornam crível para mim. Jovens e virgens, anciãos e crianças, preferiram morrer mil vezes a afastar-se desta fé por um só instante.

Tudo passa pelas mãos de Maria

Excelente mistura esta. Mas mais excelente a segunda que a primeira, e a terceira insuperável.

O ouvido escutou a primeira, mas o olho não a viu, porque, embora esse grande sacramento da piedade de Deus tenha sido proclamado e crido até os últimos extremos da terra, nenhum olho fora de ti, ó Deus, viu como te uniste ao corpo humano nas estreitas entranhas do corpo virginal.

O olho viu a segunda, porque aquela Rainha singular se viu a si mesma fecunda e virgem, e conservava na memória todas estas maravilhas, meditando-as no seu coração. Conheceu-a também José, testemunha e custódio de tanta virgindade.

A terceira tocou o coração do homem quando creu no que se tinha feito e como se tinha feito, quando cada um de nós crê mais nos oráculos do que nos olhos e assente firmemente e sem a menor dúvida às palavras que nos foram ditas e se cumpriram.

Na primeira, repara no que Deus te deu; na segunda, por meio de quem to deu; na terceira, para que fim to deu. Deu-te Cristo por Maria para curar-te.

Na primeira está o teu remédio, porque do divino e do humano se fez um cataplasma para curar todas as tuas doenças. Estes dois elementos foram triturados e misturados no seio da Virgem como num almofariz. O Espírito Santo é a mão que suavemente os misturou. Mas como não eras digno dessa composição, foi entregue a Maria, para que a recebesses dEla e conservasses tudo quanto tens. Por ser mãe, gerou Deus para ti; por ser virgem, foi ouvida respeitosamente em teu favor e de toda a humanidade.

Se fosse unicamente mãe, seria o bastante para salvar-se a si mesma mediante a procriação. E se só fosse virgem, beneficiar-se-ia unicamente a si mesma, mas o fruto bendito do seu ventre não seria resgate para o mundo. Estando, pois, na primeira mistura o remédio, na segunda está o nosso amparo, porque *Deus não quis que tivéssemos nada que não passasse pelas mãos de Maria*. Na terceira está o mérito, porque, quando cremos firmemente em tudo isto, já alcançamos o mérito. A cura está na fé, pois aquele que crê salvar-se-á.

«Santificai-vos hoje e estai preparados porque amanhã vereis a majestade de Deus convosco»

Estamos para celebrar o mistério inefável do nascimento do Senhor e, com toda a razão, meus irmãos, somos exortados a preparar-nos da maneira mais santa possível. Aproxima-se o Santo dos santos, aproxima-se aquele Senhor que disse: *Sede santos porque eu, o Senhor vosso Deus, sou santo* (Lv 19, 2). Como se dará o santo aos cães e a pérola aos porcos, se uns não se purificam da iniquidade e os outros de qualquer deleite ilícito? Se uns não fogem com toda a solicitude do vômito, e outros do pântano do lodo?

Antigamente, antes de receber os preceitos divinos, o Israel carnal santificava-se com certas cerimônias exteriores, com várias abluções, oferendas e sacrifícios, que não podiam purificar a consciência dos que prestavam a Deus esse culto. Mas tudo isso já passou. Agora chegou o momento, e já estamos nele, em que nos é exigida uma perfeita santificação, uma ablução interior, uma pureza espiritual, segundo as palavras do Senhor: *Bem-aventurados os puros de coração, porque verão a Deus* (Mt 5, 8).

Para isto vivemos, meus irmãos, para isto nascemos, para isto fomos chamados, para isto se iluminou o dia de hoje. Antes era noite e ninguém podia trabalhar em nada disto. A noite cobria o mundo inteiro antes de despontar a verdadeira luz, antes do nascimento de Cristo. Era noite também para nós antes da nossa conversão e regeneração interior.

Filhos da noite e das trevas

Porventura não era uma profundíssima noite e não havia densíssimas trevas sobre a terra quando os nossos pais cultuavam os deuses feitos pelas mãos dos homens e, cometendo um sacrilégio insano, adoravam lenhos e pedras? Não era também para nós uma noite escura quando vivíamos sem Deus, quando nos deixávamos arrastar pelas nossas concupiscências, e satisfazíamos os deleites da carne, e cedíamos aos atrativos mundanos, e fazíamos dos nossos membros armas de maldade para cair no pecado, e éramos escravos da iniquidade — obras todas de trevas, das quais agora nos envergonhamos com toda a razão?

Diz o Apóstolo que *os que dormem, dormem de noite, e os que se embriagam, embriagam-se de noite* (1 Ts 5, 7). Tudo isso éreis vós, mas fostes despertados, santificados, contanto que sejais filhos da luz e do dia, não da noite e das trevas. Prenuncia o dia aquele que clama: *Sede sóbrios e vigiai* (1 Pe 5, 8). E que dizia aos judeus no dia de Pentecostes, referindo-se aos seus condiscípulos:

Estes não estão embriagados, como pensais, pois ainda não é senão a hora terceira do dia (At 2, 15). Paulo vem a dizer o mesmo: *A noite passou e o dia aproximou-se: despojemo-nos, pois, das obras das trevas e vistamos as armas da luz; caminhemos com decência e honestidade, como em pleno dia* (Rm 13, 12). Diz-nos que abandonemos as obras das trevas, isto é, a sonolência e a embriaguez, porque, como recordamos acima, os que dormem e os que se embriagam fazem-no de noite. Não adormeçamos de dia. Caminhemos com decoro e temperança.

Vês um homem cuja alma cabeceia de tédio diante de qualquer obra boa? Ainda está em trevas. Vês outro ébrio de amargura, que sabe mais do que convém, sem medida, cujos olhos nunca se cansam de ver e os ouvidos de ouvir, que se aferra ao dinheiro e coisas semelhantes, que não se sacia porque tem uma grande sede como o hidrópico? É filho da noite e das trevas. Não é fácil dissociar estes dois elementos, pois, segundo a Escritura, *o ocioso é todo desejos*, isto é, está embriagado e sonolento. Portanto, santifiquemo-nos hoje e estejamos preparados: preparados, sacudindo a indolência do sono; santificados, conduzindo-nos como quem anda de dia, evitando a embriaguez da noite e resistindo ao furor dos maus desejos. A lei inteira e os Profetas pendem destes dois preceitos: afastar-se do mal e praticar o bem.

A MAJESTADE DE DEUS EM NÓS

Mas isso hoje mesmo, porque amanhã não haverá santificação nem preparação, mas a visão da majestade. *Amanhã*, diz a Escritura, *vereis a majestade de Deus em vós*. É o mesmo que dizia o patriarca Jacó: *Amanhã responderá por mim a minha justiça* (Gn 30, 33). Hoje cultiva-se a justiça, amanhã ela corresponderá. Hoje a prática, amanhã o fruto. Se o homem não colherá aquilo que não semeou, também não verá a majestade aquele que desprezar agora a santidade; nem nascerá o sol da glória para aquele a quem não tiver nascido o sol da justiça; nem amanhecerá o dia de amanhã para aquele a quem não tiver amanhecido o dia de hoje. O mesmo a quem Deus Pai fez hoje para nós justiça, aparecerá amanhã como nossa vida, para que também nós apareçamos com Ele na glória. Hoje nasce para nós um menino, para que o homem não torne a engrandecer-se, mas se converta sinceramente e se faça criança. Amanhã aparecerá o Senhor na sua grandeza e muito digno de louvor, para que nós mesmos sejamos também engrandecidos no louvor quando cada um for louvor de Deus. Numa palavra: aqueles a quem hoje justificar, amanhã glorificará; e à consumação da santidade seguir-se-á a visão da majestade. Não será uma visão infrutuosa, embora consista apenas na semelhança, já que seremos semelhantes a Ele, porque o veremos como é.

Por isso não se diz simplesmente: *Vereis a majestade de Deus*, mas acrescenta-se expressamente: *em vós*. Hoje, vemo-nos nEle como num espelho, quando assume a nossa condição; amanhã vê-lo-emos em nós, quando se nos mostrar Ele próprio e nos assumir em si mesmo. Foi isto o que nos deu a entender quando nos prometeu (Lc 12, 37) que Ele mesmo, passando pelos que o servissem fielmente, haveria de servi-los. Neste ínterim, recebemos da sua plenitude, não certamente glória por glória, mas graça por graça, segundo está escrito: *O Senhor dará a graça e a glória* (Sl 88, 13).

Não desprezes, pois, estas primeiras graças, se desejas receber as que se seguem; não recuses o primeiro manjar, se queres saborear os que vierem depois; não rejeites o que te servem por causa do prato em que to servem. Porque o nosso Rei Pacífico fez um prato que nunca pudesse apodrecer, assumindo um corpo incorruptível no qual havia de servir os manjares da salvação. Por isso lemos: *Não permitirás que o teu Santo conheça a corrupção* (Sl 15, 11). É aquele Santo de quem Gabriel diz a Maria: *O santo que nascerá de ti será chamado Filho de Deus* (Lc 1, 35).

Santificados pelo Santo

Sejamos hoje santificados por esse Santo, para que vejamos a sua majestade quando despontar aquele dia. Porque hoje é um dia consagrado, um dia de salvação. Mas não de glória e felicidade. É por isso que se exorta com razão a todos, enquanto se celebra a paixão do Santo dos santos, que padeceu no dia de Parasceve, isto é, no dia da preparação: *Santificai-vos hoje e estai preparados*. Santificai-vos mais e mais, avançando de virtude em virtude, e estai preparados pela perseverança.

Fé e fidelidade

Antes de mais nada, devemos buscar a fé. Dela se lê: *Deus purificou os seus corações pela fé* (At 15, 9) e *bem-aventurados os limpos de coração, porque verão a Deus* (Mt 5, 8). Fia-te, pois, de Deus, encomenda-te a Ele, lança sobre Ele as tuas preocupações, e Ele te sustentará. Assim poderás dizer confiadamente: *O Senhor cuida de mim* (Sl 39, 18).

Não percebem isto os egoístas, os que presumem de sábios, os que só tratam dos seus interesses, os que satisfazem os desejos da carne, os que se mostram surdos à voz que lhes diz: *Descarregai sobre Deus todas as vossas preocupações, pois Ele cuida de vós* (1 Pe 5, 7). Fiar-se de si próprio não é fé, mas infidelidade, como confiar em si mesmo não é confiança, mas desconfiança.

É verdadeiramente fiel aquele que não crê nem espera em si mesmo, antes se tem na conta de um vaso perdido, e de tal modo perde a sua alma que a guarda para a vida eterna. A falar verdade, isto só se obtém pela humildade de coração, pois a alma fiel trata de não apoiar-se em si mesma e por isso, abandonando-se a si própria, sobe já do deserto, apoiada no seu amado e inundada de delícias.

Mansidão e humildade

Para que a nossa santidade seja perfeita, é preciso também que aprendamos do Santo dos santos a sua mansidão e humildade no relacionamento com os outros, como Ele próprio disse: *Aprendei de mim, que sou manso e humilde de coração* (Mt 11, 29). Que nos impede de afirmar que um homem assim transborda de delícias? É suave, manso e de muita misericórdia, faz-se tudo para todos e a todos orvalha com o óleo da mansidão e suavidade, de que está tão impregnado por dentro, tão tingido por fora e banhado por cima, que parece que o vai destilando por toda a parte. Feliz aquele que está preparado por esta dupla santificação e pode dizer: *O meu coração está preparado, ó Deus, o meu coração está preparado* (Sl 56, 8).

Esse homem já tem hoje por fruto das suas obras a santidade, e amanhã alcançará a meta, que é a vida eterna. Contemplará a majestade de Deus, pois é nisso que consiste a vida eterna, como diz a própria Verdade: *Esta é a vida eterna: conhecer-te a ti, único Deus verdadeiro, e aquele que enviaste, Jesus Cristo* (Jo 17, 3). O justo Juiz dar-lhe-á a coroa da justiça naquele dia sem ocaso. Então verá e transbordará de alegria, admirar-se-á e o seu coração se dilatará. Até onde se dilatará? Até contemplar em si mesmo a majestade de Deus. Mas não penseis, irmãos, que possamos explicar com palavras esta promessa.

Até transbordar

Santificai-vos hoje e estai preparados; amanhã vereis e vos alegrareis e a vossa alegria será completa. Que pode essa Majestade deixar vazio? Cumulará e preencherá tudo, até transbordar, quando for lançado no seu seio *uma medida boa, calcada, remexida até transbordar* (Lc 6, 38). Transbordará tanto que excederá em sublimidade não só os nossos méritos, mas os nossos desejos, pois Ele é verdadeiramente poderoso para fazer muito mais do que nós podemos entender ou esperar.

Os nossos desejos orientam-se principalmente para três coisas: para o que é conveniente, para o que é proveitoso e para o que deleita. Isto é o que desejamos. A bem dizer, todos desejamos tudo isso, mas uns mais isto, outros mais aquilo. Uns inclinam-se mais para o prazer, sem apreciar a honestidade nem a utilidade. Outros centram-se mais nos seus interesses, sem fazer caso do que é honesto ou prazeroso. Outros ainda procuram somente e sobre qualquer outra coisa a honra. Em si, não é reprovável o desejo destas coisas, desde que as procuremos onde se podem achar. E onde se acham verdadeiramente, todas elas são uma só, que é, sem dúvida, o sumo bem, a suma utilidade e o sumo deleite. E na medida em que agora as podemos captar, estas coisas constituem a nossa esperança e a promessa de contemplarmos a majestade divina em nós, para que Deus seja tudo em todos nós: tudo o que é saboroso, tudo o que é útil e tudo o que é honesto.

NO DIA DE NATAL

Das fontes do Salvador

É grande, amadíssimos, verdadeiramente grande a presente solenidade da Natividade do Senhor; mas a brevidade do dia força-me a abreviar o sermão. Não vos admireis de que abreviemos a palavra quando o próprio Deus Pai fez abreviado o Verbo. Quereis saber como Ele fez breve aquele que era tão imenso?

Eu encho o céu e a terra, diz esse Verbo de si mesmo (Jr 23, 24). E agora, feito carne, é colocado numa estreita manjedoura. *Tu és Deus desde toda a eternidade e por todos os séculos*, diz dEle o profeta (Sl 89, 23), e eis que se fez criança de um só dia. Com que fim, irmãos, ou que necessidade teve o Senhor da majestade de abater-se a esse ponto, de humilhar-se a esse ponto, de abreviar-se a esse ponto, senão para que vós o façais igualmente? Já desde agora proclama com as obras o que depois há de ensinar com as palavras: *Aprendei de mim, que sou manso e humilde de coração* (Mt 11, 29), para que se veja que é veraz Aquele de quem se diz: *Começou Jesus a fazer e ensinar* (At 1, 1). Portanto, peço-vos encarecidamente, meus irmãos, que não permitais que vos tenha sido mostrado em vão modelo tão precioso, mas vos conformeis com ele e vos renoveis no interior da vossa alma.

Aprofundai na humildade, que é o fundamento e o guardião de todas as virtudes; abraçai-a, porque só ela pode salvar as almas. Que há de mais indigno, de mais detestável e que mereça maior castigo que, vendo Deus tão pequeno, continue o homem a engrandecer-se a si mesmo sobre a terra? É uma intolerável desvergonha que um verme se inche e se envaideça, quando a majestade de Deus se abate.

Benignidade e humanidade do Salvador

Este foi, pois, o motivo pelo qual se abateu, tomando a forma de servo, aquele Senhor que pela sua forma era igual a Deus Pai. Mas abateu-se na majestade e no poder, não na bondade e na misericórdia. Com efeito, que diz o Apóstolo? *Apareceu a benignidade e humanidade do nosso Deus e Salvador* (Tt 3, 4).

O seu poder tinha-se manifestado antes na criação do mundo, a sua sabedoria no modo como este é governado, mas a benignidade da sua misericórdia manifestou-se hoje sobretudo na sua humanidade. O seu poder tinha-se revelado aos judeus por meio de sinais e portentos, e é por isso que encontramos muitas vezes na Lei esta expressão: *Eu, o Senhor.*

Eu, o Senhor. A majestade de Deus deu-se a conhecer também aos filósofos, porque, segundo o Apóstolo, *eles conheceram o que é possível descobrir em Deus* (Rm 1, 19). Mas os judeus tremiam ante o seu poder, e os filósofos, nos seus estudos sobre Deus, estavam esmagados pela sua glória. O poder exige submissão, a majestade admiração, mas nem uma nem outra imitação. Apareça, Senhor, a tua bondade, com a qual o homem, criado à tua imagem, se possa conformar; porque não nos é possível imitar nem devemos invejar a tua majestade, o teu poder e a tua sabedoria.

Até quando a tua misericórdia se limitará aos anjos, e apenas a tua justiça se mostrará a toda a linhagem humana? *Senhor, a tua misericórdia está no céu e a tua verdade chega até as nuvens* (Sl 35, 6), condenando toda a terra e os poderes do ar. Que a tua misericórdia dilate o seu campo, alargue o seu domínio, abra o seu coração, chegue com fortaleza de um extremo ao outro, dispondo as coisas com suavidade. O teu seio, Senhor, está comprimido na justiça: desata o teu cíngulo e vem a nós derramando misericórdias e transbordando em caridade.

Medo dos inimigos que devem ser temidos

Que temes, homem? Por que tremes ante o pensamento da presença do Senhor que vem? Ele não vem julgar a terra, mas salvá-la. Em outro tempo, um dos seus servos desleais convenceu-te a roubar furtivamente o diadema real e a pô-lo na tua cabeça. Apanhado no roubo, como não havias de temer? Como não havias de fugir da presença divina quando talvez já vibrasse contra ti a espada chamejante da sua justiça? Agora, que te encontras no desterro, comes o pão com o suor do teu rosto.

Mas eis que se ouviu na terra uma voz que diz que o Senhor vem. Para onde te retirarás do seu espírito? Para onde fugirás da sua presença? Não queiras fugir, não temas. Ele não vem com armas, não te procura para castigar-te, mas para salvar-te. E para que não repitas agora: *Ouvi a tua voz e escondi-me* (Gn 3, 10), olha para Ele, feito criança e sem voz. Os vagidos de uma criança são mais tocantes que temíveis, e, se são temíveis para alguém, não o são para ti. Fez-se criança, a Virgem-Mãe envolve os seus tenros membros em paninhos, e tu ainda te assustas? Ao menos por isto podes saber que não vem para perder-te, mas para salvar-te, que vem livrar-te, não prender-te. Desde já combate contra os teus inimigos, desde já pisa a cerviz dos grandes e dos soberbos, como virtude e sabedoria de Deus que é.

Tens dois inimigos: o pecado e a morte, isto é, a morte da alma e a morte do corpo. Ele veio para vencer uma e outra, e de uma e outra te salvará. Já triunfou do pecado na sua própria pessoa, pois tomou a natureza humana sem se contaminar com as suas falhas. Pôs um cerco violento ao pecado, e sabe-se verdadeiramente que este foi vencido quando a natureza, que se gloriava de ter sido toda dominada e infeccionada, se encontrou em Cristo inteiramente subtraída ao seu império. Eis por que persegue os teus inimigos e os prende, e não se retira enquanto não desaparecerem por completo. Combatendo o pecado mediante a admirável conduta da sua vida, combate-o com obras e palavras, e mediante a sua paixão, ata-o; e amarrando o homem forte e armado (cf. Mt 12, 29), desbarata todas as suas defesas.

Do mesmo modo, vence a morte, primeiro em si mesmo, ressuscitando como primícias dos que dormem e primogênito dos mortos, e depois prepara-se para prostrá-la em todos nós a um só tempo, quando ressuscitar os nossos corpos mortais e destruir a última das nossas inimigas, a morte.[...] Foi por isso que veio antes como uma criança, a fim de nos prevenir com a sua misericórdia e, antecipando-a aos homens, temperar com ela o juízo futuro.

As águas da sabedoria

Mas ainda que tenha vindo a nós como uma criança, não nos trouxe pouco nem nos deu pouco. Se perguntas o que trouxe, direi que em primeiro lugar trouxe a misericórdia, pela qual, como testemunha o Apóstolo, *nos salvou* (Tt 3, 5). E não só beneficiou os que então estavam presentes, mas é fonte que nunca poderá esgotar-se. Jesus Cristo é para nós fonte, na qual nos lavamos, como está escrito: *Amou-nos e lavou-nos dos nossos pecados* (Ap 1, 5).

Mas não foi este o único efeito das águas, pois não somente lavam as manchas, mas também apagam a sede: [...] *Fá-lo-ei beber da água da sabedoria, que dá a saúde*, diz o Livro da Sabedoria (Eclo 15, 3). Que bem se referiu à *sabedoria que dá a saúde!*, porque a sabedoria da carne é morte e a sabedoria do mundo é inimiga de Deus. Só a sabedoria que vem de Deus é salutar e, segundo a definição do Apóstolo Tiago, *primeiro é casta e depois pacífica* (Tg 3, 7).

A sabedoria da carne é voluptuosa, não casta; a sabedoria do mundo é tumultuosa, não pacífica. Mas a sabedoria de Deus primeiro é casta, não procura os seus interesses, e sim os de Jesus Cristo, não faz a sua própria vontade, antes considera qual é a vontade de Deus. Além disso, também é pacífica, porque não insiste no seu parecer, mas aquiesce ao juízo e aos conselhos de outros.

O terceiro serviço que prestam as águas é a rega, da qual têm mais necessidade as plantas novas, porque de outro modo medrarão muito pouco ou mesmo fenecerão por força da secura. Todo aquele que semear a semente das boas obras procure, pois, as águas da devoção, para que, regada com a fonte da graça, a horta dos seus bons costumes não seque, mas medre em perpétuo verdor. É para esse fim que o Profeta orava quando dizia: *E o holocausto que ofereceis faça-se pingue* (Sl 19, 4) Assim também lês no elogio de Aarão que o fogo quotidiano consumiu o seu sacrifício. Em tudo isto, não me parece que deva entender-se outra coisa senão que as boas obras devem amadurecer mediante o fogo da devoção e a doçura da graça espiritual.

Haverá outra quarta fonte, para que assim recuperemos um ameníssimo paraíso com a rega das quatro fontes? (cf. Gn 2, 10). Porque, se não esperamos que nos deem de novo um paraíso na terra, como esperaremos o paraíso dos céus? *Se não me credes quando vos falo das coisas da terra,* diz o Senhor, *como me crereis quando vos falar das coisas do céu?* (Jo 3, 12). Mas agora, para que à vista dos bens presentes se faça firme a esperança dos futuros, temos um paraíso muito melhor e mais feliz que o que tiveram os nossos primeiros pais. Jesus Cristo é o nosso paraíso, em quem, depois de termos achado as três fontes, devemos procurar também a quarta.

Temos a fonte da misericórdia, para lavarmos nas águas do perdão as nossas manchas; temos a fonte da sabedoria, para matarmos a nossa sede nas águas do discernimento; temos a fonte da graça, para regarmos com as águas da devoção as plantas das boas obras. Procuremos agora as águas que fervem, as águas do zelo, para cozermos os alimentos: são estas águas borbulhantes da caridade que cozem e amadurecem os nossos afetos. Eis por que dizia o Profeta: *Abrasou--se o meu coração dentro de mim e na minha meditação acendeu-se o fogo* (Sl 38, 4). E em outro lugar: *Devorou-me o zelo da tua casa* (Sl 68, 10).

Com efeito, todo aquele que, pela doçura da devoção, ama a justiça, pelo fervor da caridade odeia a iniquidade. E vê se Isaías não predisse estas mesmas fontes quando disse: *Tirareis com alegria as águas das fontes do Salvador*. E para que entendas que esta promessa pertence à vida presente e não à futura, diz a seguir: *Direis nesse dia: publicai os louvores do Senhor e invocai o seu nome* (Is 12, 3). A invocação é do tempo presente, como está escrito: *Invoca-me no dia da tribulação* (Sl 49, 15).

A FONTE DA VIDA

[Todos precisamos dessas quatro fontes]. A primeira é necessária a todos os fiéis. Todos faltamos em muitas coisas, e precisamos da fonte da misericórdia para lavar as manchas das nossas culpas. *Todos pecaram*, repito, *e todos estão privados da glória de Deus* (Rom 3, 23). Todos nós, tanto os prelados como os solteiros e os casados, *se dizemos que não temos pecado, enganamo-nos a nós mesmos* (1 Jo 1, 8). Todos precisamos, pois, da fonte da misericórdia e devemos apressar-nos a chegar a ela com o mesmo ardor de Noé, Daniel e Jó.

Jó deve procurar sobretudo a fonte da sabedoria, porque ele especialmente se move no meio dos laços das tentações, e seria de admirar que por si só pudesse escapar do mal.

Daniel deve correr para a fonte da graça, a fim de untar as obras de penitência e as fadigas da abstinência com a graça da devoção. E importa muito que nós também façamos tudo com alegria, pois *Deus ama quem dá com alegria* (2 Cor 9, 7). Por outro lado, a terra em que vivemos está longe de ser fértil nessa espécie de sementeira que se chama uma conduta boa, que seca facilmente se não é regada com frequência. É por isso que na oração do Senhor pedimos esta graça sob o nome de pão nosso de cada dia. E temos toda a razão em pedi-lo, se queremos escapar à terrível imprecação do Profeta: *Tornem-se como a erva no telhado, que seca antes de que a arranquem* (Sl 128, 6).

A fonte do zelo convém particularmente a Noé, porque principalmente os prelados devem estar imbuídos do zelo da caridade.

Estas são as quatro fontes que Cristo nos oferece em si mesmo, enquanto vivemos neste corpo. Para depois deste mundo, promete-nos a quinta, que é a fonte da vida, anelada pelo Profeta quando dizia: *A minha alma tem sede de Deus, fonte viva* (Sl 41, 3). E pode ser que tenha sido por causa das primeiras quatro que foi ferido quando ainda estava vivo na cruz, e por causa da quinta quando teve o peito trespassado por uma lança depois de ter expirado. Ainda vivia quando perfuraram as suas mãos e pés para nos oferecer as quatro fontes em si mesmo; recebeu a quinta ferida depois de ter dado o último suspiro, para nos abrir igualmente em si mesmo, depois da morte, a quinta fonte.

Mas como foi que, se falávamos do mistério do nascimento do Senhor, fomos levados repentinamente a contemplar os sacramentos da sua paixão? Depois de tudo, não é de surpreender que busquemos na paixão o que Cristo trouxe no seu nascimento, porque foi então que, rasgada a bolsa que continha o preço da nossa redenção, os tesouros que encerrava se derramaram pela terra.

Do lugar, do tempo e de outras circunstâncias do nascimento do Senhor

Meus irmãos, duas são as coisas que considero no nascimento do Senhor, duas coisas não apenas diferentes, mas muito dessemelhantes. O Menino que nasce é Deus, e a Mãe de quem nasce é virgem, uma virgem que dá à luz sem dor.

Uma nova luz do céu resplandece entre as trevas; um anjo anuncia uma grande e feliz boa nova; a milícia celeste vibra num cântico de louvor; Deus é glorificado e anuncia-se a paz aos homens de boa vontade; uns pastores acorrem a Belém, encontram exatamente o que lhes fora anunciado, participam-no a outros, e todos os que os escutam se enchem de admiração. Todas estas coisas e outras semelhantes, amados irmãos, procedem da virtude de Deus, não da fragilidade humana. São de ouro e prata os vasos que hoje, em tão grande solenidade, se servem na mesa do Senhor, também aos pobres e necessitados. Não devemos nós levá-los para casa, não nos é dada a nós a bandeja ou o cálice, mas apenas o alimento e a bebida que estão neles. *Considera com cuidado*, diz o Livro da Sabedoria, *as coisas que te servem à mesa* (Pr 23, 1-2).

Quanto a mim, observo que são para mim o tempo e o lugar deste nascimento, a delicadeza do corpo do Menino, os seus vagidos e lágrimas, como também a pobreza dos próprios pastores, a quem primeiro se anuncia o nascimento. Sim, todas estas coisas são para mim, é a mim que se propõem, para que as imite.

Cristo nasceu no inverno, no meio da noite. Porventura diremos que foi por um acaso que o senhor do inverno e do verão, do dia e da noite, quis nascer na mais inclemente das estações e no meio da escuridão? As crianças não escolhem o momento em que hão de nascer, já que nesse momento mal têm um sopro de vida, não podem fazer uso da razão, não têm a liberdade de escolher nem a faculdade de deliberar. Mas Cristo, meus irmãos, embora ainda não fosse homem, no entanto estava desde o princípio em Deus, era Deus, possuía a mesma virtude e sabedoria que tem agora, porque é a virtude e a sabedoria do próprio Deus. E no entanto o Filho de Deus, que tinha toda a liberdade de escolher o momento que quisesse para nascer, preferiu a época do ano mais dura, especialmente para quem é uma criança e filho de uma pobre mãe que mal teria uns paninhos para envolvê-lo e uma manjedoura onde recliná-lo.

E havendo ali tanta necessidade, não vejo que se faça menção de peles. O primeiro Adão cobre-se com peles de animais, o segundo é envolvido em paninhos. Não é assim que o mundo pensa, e, portanto, ou Jesus se engana ou o mundo erra. Mas como é impossível que a Sabedoria divina se engane, segue-se que *a prudência da carne* (que é verdadeira morte) *é inimiga de Deus* (Rm 8, 7), e que a prudência do mundo é chamada loucura (1 Cor 3, 19). Que concluir? Cristo, que não se engana, escolhe o que é mais incômodo para a carne, e portanto isso é o melhor, o mais útil, o que deve ser escolhido acima de tudo. E devemos precaver-nos seja contra quem for que ensine ou persuada de outra coisa, porque é um embusteiro.

O Verbo feito carne

O Senhor também quis nascer durante a noite. Que direis a isto, homens que tão descaradamente fazeis ostentação de vós mesmos? Cristo escolhe o que considera mais salutar, e vós escolheis o que Ele reprova. Qual dos dois é mais prudente? Qual dos dois juízos é mais justo e mais são? Enfim, Cristo cala-se, não se exalta, não se faz valer, e eis que o anjo o anuncia e o exército celeste canta os seus louvores. Tu, pois, que professas segui-lo, esconde o tesouro que encontraste. Ama ser ignorado, que te louve a boca alheia e se cale a tua. Mais ainda: Cristo nasce num estábulo e é reclinado numa manjedoura. Mas não é Ele o mesmo que diz: *Toda a terra é minha e tudo quanto nela se contém*? (Sl 49, 12). Então, por que escolheu um estábulo? Evidentemente, para condenar a glória do mundo e reprovar a vaidade do século.

A sua língua ainda não fala, mas tudo nEle grita, prega, evangeliza: os seus próprios membros de criança não se calam. Em tudo argui, desfaz e confuta os juízos do mundo. Haverá algum homem que, se lhe dessem a escolher, não preferiria à fraqueza da infância um corpo robusto e uma idade no perfeito uso da razão? Ó sabedoria verdadeiramente encarnada e encoberta! E, no entanto, meus irmãos, aí está essa criança outrora prometida por Isaías, que sabe rejeitar o que é mau e escolher o que é bom (Is 7, 5). A volúpia do corpo é um mal, e a mortificação um bem, uma vez que esta sábia criança, o Verbo infante, reprova aquela e escolhe esta. Porque o Verbo se fez carne, mas uma carne fraca, carne de criança, carne delicada, impotente, incapaz de suportar qualquer carga de trabalho.

Com efeito, meus irmãos, o Verbo se fez carne e habitou entre nós. No princípio, quando estava em Deus, habitava numa luz inacessível e ninguém o podia contemplar: *Quem penetrou nos desígnios do Senhor e quem foi o seu conselheiro?* (Rm 11, 34). *O homem carnal não percebe as coisas do Espírito de Deus* (1 Cor 2, 14). Mas agora já as pode perceber, porque o Verbo se fez carne. Se não pode compreender nada fora da carne, que preste ouvidos ao que Ele diz na carne, porque o Verbo se fez carne.

Ó homem, eis que a Sabedoria, essa mesma que outrora estava oculta, se mostrou na carne; vê como sai das alturas e se põe ao alcance dos sentidos do teu corpo. É-te anunciada carnalmente, se assim se pode dizer. Foge, pois, do deleite, porque junto à porta do deleite se encontra a morte; faze penitência, porque é por ela que se aproxima de nós o reino dos céus (cf. Mt 3, 2).

Isto é o que te prega esse estábulo, isto é o que clama esse presépio, disto falam manifestamente os membros delicados de uma criança, esta é a boa nova que essas lágrimas e vagidos evangelizam.

Porque Cristo chora, mas não como os outros, nem pela mesma razão. Nos outros, prevalece a dor; em Cristo, prevalece o amor. Os outros sofrem, não fazem, porque ainda não têm o uso da vontade. Os outros choram porque padecem; Cristo porque se compadece. Os outros gemem sob o pesado fardo que oprime todos os filhos de Adão; Jesus chora pelos pecados dos filhos de Adão, e um dia derramará o seu sangue por aqueles que o fazem chorar. Ó dureza do meu coração! Deus queira que, assim como o Verbo se fez carne, o meu coração se torne de carne, porque foi o que Ele prometeu pelo Profeta: *Tirarei de vós o coração de pedra e dar-vos-ei um coração de carne* (Ez 11, 19).

As lágrimas de Cristo

Meus irmãos, as lágrimas de Cristo causam-me tanta vergonha como dor. Brincava eu lá fora na praça, e, no segredo dos aposentos do Rei, pronunciava-se sobre mim a sentença de morte. Ouviu-a o seu Filho único e, tirando o diadema, saiu vestido de saco, a cabeça coberta de cinza, os pés descalços, chorando e lamentando-se por ter sido condenado à morte um mísero servo seu. Vejo-o sair de repente do palácio e, espantado por esse gesto, pergunto pelo motivo e dizem-mo. Que farei eu? Continuarei a divertir-me com os meus jogos e insultarei assim as suas lágrimas? Verdadeiramente, é o que farei, deixando de segui-lo e de misturar as minhas lágrimas com as suas, se não passo de um insensato e um louco. Eis por que as suas lágrimas me envergonham.

E por que a minha dor e temor? É porque posso apreciar a gravidade do meu mal pelo preço do remédio necessário para curá-lo. Eu não sabia que estava doente, julgava-me saudável, e eis que é enviado o Filho da Virgem, o próprio Filho de Deus altíssimo, e mandam matá-lo para que as minhas chagas se curem pelo bálsamo do seu precioso sangue. Reconhece, ó homem, quão graves são as tuas chagas, pois por elas é necessário que Cristo se cubra de chagas. Se não fossem de morte, e de morte eterna, nunca o Filho de Deus teria sido morto para as curar. Eu me envergonho, amadíssimos, de fechar os olhos à minha própria desdita quando vejo tão grande Majestade compadecer-se dela. Sim, o Filho de Deus compadece-se dos teus males e chora; e tu, ó homem, que és atingido por elas, rirás? Eis por que o preço do remédio leva ao extremo a minha dor e o meu temor.

Mas se eu observar diligentemente as prescrições do médico, estas serão também para mim uma fonte de consolo. Porque, assim como reconheço a gravidade do meu mal pelo alto preço do remédio que exige, reconheço ao mesmo tempo que não sofro de um mal incurável. Um médico sábio, ou melhor, um médico que é a própria sabedoria, não recorreria inutilmente a remédios tão preciosos. Faria mau uso deles, não apenas se a doença pudesse ceder com outros remédios, mas sobretudo se com eles fosse impossível curá-la. Ele anima-nos, pois, à penitência, e a esperança de cura que nos faz conceber acende em nós um desejo mais ardente de obtê-la.

A esse consolo se chega também com a visita e as palavras dos anjos aos pastores que estavam de vigília. Ai de vós, ricos, que tendes agora a vossa consolação e assim perdestes todo o direito às consolações do céu. Quantos nobres segundo a carne, quantos sábios segundo o mundo, repousavam em fofas camas, e nenhum deles foi achado digno de ver brilhar a nova luz, de ter notícia de tão grande alegria e de ouvir os anjos cantarem: *Glória a Deus nas alturas*!

Reconheçamos, pois, que os que não compartilham os trabalhos e fadigas dos homens não merecem ser visitados pelos anjos. Reconheçamos quanto o trabalho exercido com a reta intenção de buscar o bem espiritual é grato aos cidadãos do céu, porque estes honram com as suas palavras, e palavras tão ditosas, mesmo aqueles que trabalham pelo alimento do seu corpo, obrigados por uma premente necessidade. Sem dúvida, os anjos veem neles a ordem que o próprio Deus estabeleceu para os homens, quando quis que Adão comesse o seu pão com o suor do seu rosto.

Palavra, não da boca, mas das ações

Rogo-vos, queridíssimos irmãos, que considereis com a maior diligência tudo o que Deus fez para vos exortar e salvar, e assim não seja infrutuosa em vós palavra tão cheia de vida e eficácia, palavra tão fiel e digna de todo o apreço, palavra não tanto da boca como das ações (1 Tm 1, 15).

Pensais, irmãos, que, se as palavras que vos dirijo neste momento viessem a ser estéreis nos vossos corações, eu não sofreria muito com isso? E, no entanto, quem sou eu e de que valem todas as minhas palavras? Se um homem de tão pouco valor como eu, ou melhor, um nada como eu, sofre de ver a inutilidade do seu esforço por falar-vos, quanto mais justamente não se indignará o Senhor de toda a majestade, se vê que todo o trabalho que teve se perdeu pela nossa dureza ou negligência! Oxalá Aquele que, para nos salvar, se dignou assumir a forma de servo, o Unigênito do Pai — que é, sobre todas as coisas, Deus bendito por todos os séculos —, afaste tão grande mal dos seus humildes servidores. Amém.

«*Os pastores encontraram Maria, José e o Menino colocado numa manjedoura*»

Reconhecei, irmãos queridíssimos, como é grande a solenidade de hoje quando para ela o dia é breve e a terra inteira muito estreita. Dilatam-se simultaneamente o lugar e o tempo, absorve-se a noite, ocupa-se o céu antes que a terra, porque a noite se iluminou como o dia quando a nova luz do céu envolveu os pastores no meio das trevas mais densas.

Mas observai em que lugar começou a brilhar o gáudio desta solenidade: foi entre os anjos, porque, segundo as próprias palavras que pronunciaram, se essa alegria só mais tarde seria compartilhada por todo o povo, imediatamente todo o exército celestial fez ressoar pelos ares os seus cânticos de glória. Eis por que esta noite é chamada a mais solene de todas. Não há dúvida de que, durante a vigília desta noite, esses espíritos que reinam nos céus se apressaram a antecipar-se aos coros de cantadores que, no meio das virgens, tocam os instrumentos e tangem os tímpanos (Sl 134, 2-4).

Quanto ouro e quantas pedrarias brilham hoje nos nossos altares! E quantas ricas tapeçarias pendem das nossas paredes! Mas pensas que era a tudo isso que os anjos se dirigiam, evitando os homens que vestem panos toscos? Se fosse assim, porque apareceram aos pastores e não aos reis da terra e aos sacerdotes do templo? Por que o próprio Salvador, a quem pertencem o ouro e a prata, consagra no seu corpo a pobreza? Ou por que o anjo menciona tão cuidadosamente essa pobreza?

Não sem uma razão misteriosa o Senhor é envolvido em paninhos e reclinado numa manjedoura, porque esse é o sinal que o anjo dá para que possamos reconhecê-lo: *Isto vos servira de sinal*, diz ele: *achareis um recém-nascido envolto em faixas e posto numa manjedoura* (Lc 2, 12). Ó Senhor Jesus, os teus paninhos são o sinal para te reconhecermos, mas é um sinal que até hoje muitos contradizem, uma vez que, se são muitos os chamados, poucos são os escolhidos e, por conseguinte, poucos os assinalados. Reconheço, sim, reconheço Jesus, o grande sacerdote, sob os panos empoeirados que o cobriam enquanto disputava com o diabo. Falo a homens que conhecem as Sagradas Escrituras e não desconhecem a visão profética de Zacarias (Zc 3). Mas quando a nossa Cabeça triunfou e foi exaltada sobre os inimigos, mudou de vestes, cobriu-se de formosura e vestiu-se de roupas de glória e de luz. Deu-nos exemplo, para que façamos o mesmo. Num combate, é mais útil uma cota de malha do que uma vestimenta de linho, ainda que aquela pese mais e esta seja mais bela.

Chegará um dia em que os membros seguirão a sua Cabeça e o corpo inteiro cantará com um mesmo espírito e dirá: *Tiraste as minhas vestes de penitência e rodeaste-me de alegria* (Sl 29, 12).

GLÓRIA A DEUS

Achareis um recém-nascido envolto em faixas e posto numa manjedoura. E o

Evangelho acrescenta: *Foram com grande pressa e acharam Maria e José com o menino reclinado numa manjedoura* (Lc 2, 16). Que significa isto? O anjo parece recomendar aos pastores apenas a humildade [do menino], mas estes encontram algo mais. Talvez o anjo ressalte apenas a humildade porque todos os demais anjos caíram arrastados pelo orgulho, ao passo que ele se manteve de pé pela humildade; ou talvez viesse do céu para anunciar especialmente a humildade, por ser esta a virtude pela qual devemos honrar a majestade de Deus. Mas os pastores não encontraram só a humildade, porque Deus dá sempre a sua graça aos humildes. Junto com o menino posto numa manjedoura, encontraram também Maria e José.

Assim como a infância do Salvador põe de manifesto a humildade, assim a Virgem nos fala de continência, e José, o homem justo do Evangelho, nos recorda a justiça. Quem não sabe que a continência é uma virtude que diz respeito ao corpo? A justiça é uma virtude que dá a cada um o que é seu, e é necessária para o relacionamento com o próximo. A humildade reconcilia-nos com Deus, torna-nos submissos a Deus, agrada a Deus, como diz a Virgem bem-aventurada: *Deus olhou a humildade da sua serva* (Lc 1, 48). Portanto, quem fornica peca contra o seu corpo; quem injuria peca contra o seu próximo; quem se exalta e se engrandece peca contra Deus. O luxurioso avilta-se, o injusto fere o seu próximo, o orgulhoso desonra a Deus quanto pode. *Não darei a outro a minha glória*, diz o Senhor (Is 42, 8). Mas o soberbo diz: Ainda que não ma dês, eu a usurparei. Por isso não lhe agrada a distribuição que faz o anjo quando diz: *Glória a Deus e paz aos homens*. Não presta reverência a Deus, antes levanta-se contra Ele, fazendo-se ímpio e infiel ao mesmo tempo. Porque o que é a piedade senão culto a Deus? E quem honra de verdade a Deus senão aquele que se submete voluntariamente a Ele e tem os seus olhos fixados nEle, tal como os servos estão atentos às mãos do seu senhor?

Para todos os homens

Por conseguinte, para que Maria e José, com o Menino reclinado na manjedoura, se encontrem sempre em nós, vivamos sóbria, justa e piedosamente neste mundo (Tt 2, 12). Foi por isso que apareceu a graça de Deus que nos instrui, e por isso também que apareceu a sua glória, segundo está escrito: *Apareceu a graça de Deus a todos os homens, ensinando-nos a renunciar à impiedade e às paixões mundanas e a viver neste mundo com toda a sobriedade, justiça e piedade, na expectativa da esperança feliz e da gloriosa aparição do nosso grande Deus* (Tt 2, 11-13). A graça apareceu numa criança para nos ensinar, mas Ele *será grande*, como disse o anjo Gabriel (Lc 1, 32). E àqueles a quem, sendo uma criança, tiver ensinado a humildade e a grandeza de coração, Ele os glorificará e exaltará mais tarde, quando Ele mesmo vier grande e glorioso, Ele que é o nosso Senhor Jesus Cristo, bendito por todos os séculos. Amém.

«*Bendito seja Deus, Pai de Nosso Senhor Jesus Cristo, o Pai das misericórdias e o Deus de toda a consolação, que nos consola em todas as nossas tribulações*» *(2 Cor 3-4)*

Bendito seja Aquele que, pela excessiva caridade com que nos amou, nos enviou o seu Filho bem-amado, objeto das suas complacências, para que, reconciliados, tivéssemos paz com Ele e Ele mesmo fosse o mediador e o penhor da nossa reconciliação. Que podemos temer, meus irmãos, se temos um Mediador tão compassivo, de que podemos duvidar, se temos um penhor tão seguro?

Mas que mediador é este, direis, que nasce num estábulo, que está reclinado numa manjedoura, que é envolvido em paninhos, como os demais recém-nascidos, que chora como os outros, que, enfim, está deitado como um infante à maneira dos outros? Responder-vos-ei que, mesmo nisso tudo, Ele não é menos plenamente mediador, porque procura, não superficialmente, mas com eficácia, tudo o que pode assegurar-nos a paz. Não passa, sem dúvida, de uma criancinha, mas essa criancinha é o Verbo cuja infância não está emudecida. *Consolai-vos, consolai-vos, diz o Senhor vosso Deus* (Is 40, 1). Assim o diz Emanuel, *Deus conosco*. Assim o proclamam o estábulo, a manjedoura, as lágrimas, as faixas. O estábulo proclama que Ele está preparado para curar o homem, que tinha caído nas mãos dos ladrões; a manjedoura proclama que aqui se dá alimento ao homem, que descera ao nível dos jumentos (Sl 48, 13). Assim o proclamam as lágrimas, proclamam os paninhos, porque com eles se lavam e se limpam as chagas sangrentas dos homens. Porque Cristo não precisava de nada dessas coisas, e, se as sofreu, não foi por Ele, mas pelos escolhidos. *Hão de respeitar o meu Filho*, disse o Pai das misericórdias (Mt 21, 37). É verdade, Senhor, que o respeitarão, mas quem? Não todos os judeus, aos quais o enviaste, mas os escolhidos, pelos quais o enviaste.

UMA SÓ MISERICÓRDIA

Reverenciamo-lo, pois, no presépio, como o reverenciamos na cruz e no sepulcro. Recebemo-lo com devoção por se ter feito criança por nós, por se ter ferido e se ter coberto de sangue por nós, por ter sido sepultado por nós. Adoramo-lo devotamente com os Magos, e, com o santo Simeão, abraçamos com amor o Salvador infante, e no meio do teu templo, Senhor, recebemos a tua misericórdia, porque é dEle mesmo que lemos: *A misericórdia do Senhor é eterna* (Sl 102, 17).

Porque quem é coeterno com o Pai senão o Filho e o Espírito Santo?

E assim nem um nem outro devem ser chamados misericordiosos, mas a própria misericórdia, como o Pai é igualmente misericórdia. Os três são uma só misericórdia, tal como são uma só essência, uma só sabedoria, uma só divindade, uma só majestade. Mas quando se diz «Pai de misericórdias», quem não vê que assim se designa o Filho como pelo seu nome próprio? Com quanta razão é chamado Pai de misericórdias, pois é próprio dEle ter sempre misericórdia e perdoar!

Talvez alguém pergunte como é que a misericórdia pode ser própria dEle, se os seus juízos são um abismo sem fundo e não se diz que *todos os seus caminhos* são misericórdia, mas *misericórdia e verdade*? (Sl 24, 10). Ele não é menos justo que misericordioso, pois dEle se cantam a misericórdia e a justiça. Não é verdade que tem misericórdia de quem quer e endurece quem quer? (cf. Rm 9, 18)*. Mas é próprio dEle ter misericórdia, porque é nEle mesmo que se encontra a matéria e como que o germe da misericórdia.

É verdade que julga e condena, mas somos nós que de certo modo o obrigamos a fazê-lo, de sorte que parece ser a misericórdia, e não o castigo, que brota naturalmente do seu coração. Vede o que diz: *Porventura quero eu a morte do ímpio, e não antes que se converta e viva?* (Ez 18, 23). É, pois, com razão que o chamam, não Pai dos juízos e das vinganças, mas Pai das misericórdias; não só porque é mais próprio de um pai ter misericórdia do que indignar-se, como porque, à semelhança de um pai que se compadece dos seus filhos, se apieda dos que o temem e muito mais, uma vez que

---

(*) São Bernardo fala aqui com palavras tomadas da Escritura no mesmo sentido em que esta as entende: Deus permite que o pecador, por sua culpa, se endureça.

nEle se encontram a causa e a fonte da sua misericórdia por nós, ao passo que somos nós que lhe fornecemos a matéria e o motivo para julgar e castigar.

Pai de misericórdia e de misericórdias

Mas se por isso o chamam Pai de misericórdia, por que é Pai de misericórdias? Disse o profeta: *O Senhor falou uma vez e eu ouvi estas duas coisas: que o poder pertence a Deus e que Tu, Senhor, estás cheio de misericórdia* (Sl 61, 12). Mas o Apóstolo mostra-nos uma dupla misericórdia no Verbo, no seu Filho único, ao dizer-nos que Deus é o Pai não de uma só misericórdia, mas de misericórdias, não apenas Deus de uma só misericórdia, mas de toda a espécie de consolações (cf. 2 Cor 1, 4), que nos consola não unicamente nesta ou naquela tribulação, mas em todas as nossas tribulações. Disse alguém que são muitas as misericórdias do Senhor (cf. 1 Cr 21, 13), sem dúvida porque são muitas as tribulações dos justos e de todas elas o Senhor os livrará.

Um só é o Senhor, um só é o Verbo, mas a nossa miséria é múltipla e reclama não somente uma grande misericórdia, mas uma multidão de misericórdias. Talvez por a natureza humana se compor de duas substâncias, e ambas serem miseráveis, pode-se dizer com razão que a miséria do homem é dupla. São numerosas as tribulações do corpo e as do coração, mas de todas elas nos tira o Senhor, que veio salvar o homem inteiro. Como o Filho único de Deus veio agora por causa das almas, a fim de tirar os pecados do mundo, e há de vir uma segunda vez para ressuscitar os corpos e conformá-los com o seu corpo, podemos dizer sem inconveniente que, quando o bendizemos como Pai de misericórdias, confessamos essa dupla misericórdia. Por isso, quando Ele tomou o corpo e a alma da natureza humana, o Profeta não se contentou em dizer uma só vez *consolai-vos*, mas duas vezes, como dissemos acima: *Consolai-vos, consolai-vos, diz o Senhor vosso Deus* (Is 40, 1), para que estejamos certos que Aquele que quis assumir as nossas duas substâncias veio salvar uma e outra.

Mas quem pensas que Ele há de salvar? Certamente, o seu povo, como disse o Profeta: Ele salvará, não todo o mundo indistintamente, mas *o seu povo dos seus pecados*. E depois conformará com o seu corpo glorioso, não qualquer corpo, mas o corpo humilhado. Se consola, pois, o seu povo, é certamente um povo humilde que Ele salvará, porque confundirá os olhos dos soberbos.

Queres conhecer o seu povo? Diz assim um homem segundo o coração de Deus: *É aos teus cuidados, Senhor, que se abandonou o pobre* (Sl 9, 14). E o próprio Senhor diz no Evangelho: *Ai de vós, ricos, porque já tendes a vossa consolação* (Lc 6, 24). Queira Deus, amadíssimos, que prefiramos ser do número dos que Ele sempre consola, não daqueles a quem diz: *Ai!* Afinal, como consolará os que já têm a sua consolação?

A infância de Cristo não consola os palradores, as suas lágrimas não consolam os que riem, os seus paninhos não consolam os que se pavoneiam nas suas vestes pomposas, a manjedoura e o estábulo não consolam os que gostam de ocupar os primeiros lugares nas sinagogas. Mas todas estas coisas servirão de consolo àqueles que esperam o Senhor no silêncio, aos que choram, aos que se vestem de roupas toscas. Vemos que os próprios anjos não consolam nenhuns outros; é a uns pastores, que velam e guardam os seus rebanhos durante a noite, que eles anunciam a alegria da nova luz e o nascimento do Salvador. Foi para os pobres e os trabalhadores, não para vós, ricos, que amanheceu um dia santificado e a noite foi iluminada como o dia, ou melhor, mudada em dia, no momento em que o anjo disse: *Hoje nasceu-vos um Salvador* (Lc 2, 11). *Hoje*, não nesta noite.

A noite passou, chegou o dia, o dia dos dias, a salvação de Deus, Jesus Cristo Nosso Senhor, que é sobre todas as coisas o Deus bendito por todos os séculos dos séculos. Amém.

Dos nomes do Senhor

Completados que foram os oito dias para o menino ser circuncidado, foi-lhe posto o nome de Jesus, como tinha sido chamado pelo anjo antes de ser concebido no seio materno (Lc 2, 21). [...] Com muita razão o Menino que nos nasceu recebeu o nome de Salvador quando foi circuncidado, porque já desde então começou a operar a nossa salvação, derramando o seu sangue puríssimo. Já não é necessário que um cristão se pergunte por que Nosso Senhor Jesus Cristo quis ser circuncidado. Foi circuncidado pela mesma razão pela qual nasceu e pela qual sofreu: não foi por Ele, mas pelos escolhidos que fez tudo isso. Não foi concebido no pecado, nem circuncidado por causa do seu pecado, nem morto pelos seus pecados, mas pelos nossos. *Como tinha sido chamado pelo anjo antes de ser concebido*. Esse nome foi-lhe dado, não posto, porque o tem desde toda a eternidade. Ele é o Salvador por natureza e esse nome é inato nEle, não posto por um homem ou por um anjo.

Mas como explicar que o egrégio Profeta, que predisse todos os nomes que se deviam dar a esse Menino, omitiu precisamente o único pelo qual — como o anjo dissera e o evangelista testemunha — Ele *foi chamado*? Isaías desejava ver esse dia; viu-o e exultou. E era com agradecimento e louvor a Deus que exclamava: *Nasceu-nos um Menino, foi-nos dado um Filho: trará sobre os ombros as insígnias do seu principado, e será chamado o Admirável, o Conselheiro, Deus Forte, o Pai do século futuro, o Príncipe da paz* (Is 9, 6). São grandes nomes, sem dúvida, mas onde está o nome que está acima de todos os nomes, o nome de Jesus, perante o qual todo o joelho se dobra? Talvez todos os outros nomes não sejam senão esse, expresso e derramado de algum modo. É sem dúvida o mesmo do qual diz a esposa do Cântico, numa explosão de amor: *O teu nome é como o azeite derramado* (Ct 1, 2).

Tendes, pois, um só Jesus em todos esses nomes, e de maneira nenhuma poderia Cristo chamar-se ou ser Salvador se tivesse faltado algum deles. Porventura não vimos por experiência própria quão *Admirável* é Ele em provocar a mudança das nossas vontades? Quando começamos a rejeitar o que antes amávamos, a doer-nos do que antes nos dava prazer, a seguir aquilo de que antes fugíamos, a abraçar o que mais temíamos, a desejar o que desprezávamos — é então que tem início a grande obra da nossa salvação.

Admirável é, sem dúvida, quem faz tais maravilhas. Mas não é menos necessário que se nos mostre *Conselheiro*, para sabermos escolher a penitência e disciplinar a nossa vida, para não cairmos num zelo sem ciência, para não haver em nós uma boa vontade sem prudência.

Igualmente, é preciso que experimentemos a *força* de Deus na luta contra os nossos inimigos, a sua força para não sermos novamente vencidos pelas nossas antigas concupiscências e assim o nosso estado de hoje não ser pior que o de ontem.

Parece-vos que já não falta nada para Ele ser plenamente o *Salvador*? Sim, faltaria uma coisa, a mais importante, se Ele não fosse o *Pai do século futuro*, fazendo com que por Ele ressuscitemos para a imortalidade os que fomos gerados para a morte pelo pai do século presente. E mesmo isso não bastaria se, como *Príncipe da paz*, não nos reconciliasse com o Pai, a quem há de entregar o reino, a fim de que não suceda que, como filhos da perdição e não da salvação, ressuscitemos somente para a pena.

O seu império estender-se-á sem dúvida, para que Ele possa ser chamado com razão o Salvador, à vista da multidão dos que se hão de salvar. E *a paz não terá fim*, para que saibas que é verdadeira salvação aquela que não se pode temer que algum dia venha a faltar.

NA EPIFANIA DO SENHOR

«Apareceu a benignidade e a humanidade de Deus, nosso salvador»

As três manifestações de Cristo

Apareceu a benignidade e humanidade de Deus, nosso Salvador (Tt 3, 4). Demos graças a Deus por quem recebemos abundante consolo na nossa peregrinação, neste desterro, nesta miséria. Isto é o que mais frequentemente trazemos à vossa memória, para que nunca esqueçais que somos peregrinos, que estamos longe da pátria e como que excluídos da herança. [...] Vós que não ignorais o vosso desterro, que não vos enredais nas preocupações do mundo, vede qual é o consolo espiritual, vede que o socorro veio do céu, porque *apareceu a benignidade e a humanidade de Deus, nosso Salvador*.

Antes que aparecesse a sua humanidade, a sua benignidade estava escondida, embora existisse antes daquela, pois a misericórdia do Senhor é eterna. Mas como se podia saber que era tão grande? Prometia-se, mas não se sentia, e por isso muitos não acreditavam. Outrora Deus falara pelos Profetas de muitos e diversos modos: *Eu tenho pensamentos de paz e não de aflição*, dizia (Jr 29, 11). Mas que respondia a esses Profetas o homem que só sentia a sua aflição e desconhecia a paz? [Respondia assim]: Até quando estareis dizendo *paz, paz, e não há paz?* (Ez 13, 10). Por isso os anjos de paz choravam amargamente queixando-se: *Senhor, quem acreditou na nossa palavra?* (Is 33, 7). Mas agora creiam os homens porque os seus olhos viram, porque *as promessas de Deus se fizeram sobremaneira dignas de fé* (Sl 92, 5). Para não ocultar-se sequer à vista turva, *Ele pôs o seu tabernáculo em pleno sol* (Sl 18, 5).

Paz prometida e enviada

Eis agora a paz, não já prometida, mas enviada; não diferida, mas dada; não profetizada, mas apresentada. Eis que Deus Pai enviou à terra como que um tesouro cheio de misericórdia, um tesouro cujo recipiente a paixão há de quebrar, deixando espalhar-se o preço da nossa salvação que nele se guarda; um recipiente transbordante, ainda que pequeno. Pois *um menino nos foi dado*, mas um menino em quem habita a plenitude da divindade. Na plenitude dos tempos, veio a plenitude da divindade.

Veio na carne para assim se deixar ver pelos homens grosseiros e carnais, e para que, aparecendo na sua humanidade, se conhecesse a sua benignidade. [...] Em que podia Ele manifestar mais a sua benignidade do que em receber a minha carne? [...] Que coisa declara tanto a sua misericórdia como ter assumido a minha miséria? Que amor pode haver mais pleno que o do Filho de Deus que se fez palha? *Senhor, o que é o homem para teres feito tanto caso dele? Ou por que te dignaste pôr nele o teu coração?* (Jó 7, 17).

Daqui conclua o homem até que ponto Deus cuida dele, o que pensa e sente dele. [...] Quanto menor se fez na humanidade, tanto maior se mostrou na bondade, e, quanto mais desceu à minha baixeza, tanto mais se fez digno do meu amor. Apareceram a benignidade e a humanidade de Deus, nosso Salvador, dizia o Apóstolo. Sim, apareceram, mas grandes e manifestas! E quis dar-nos uma prova grande de benignidade Aquele que cuidou de acrescentar à sua humanidade o nome de Deus. Devemos, pois, alegrar-nos de que Ele tenha vindo a nós, porque assim se mostrará mais inclinado a perdoar-nos.

Afinal de contas, Ele é uma criancinha, e por isso será mais fácil aplacá-lo. Quem não sabe que as crianças perdoam e esquecem mais facilmente? E se Ele não veio a nós por pouca coisa, no entanto é preciso bem pouco para nos reconciliar. Bem pouco, volto a dizer, mas não sem penitência, que aliás é bem pouco. Somos pobres, pouco podemos dar; mas por esse pouco podemos voltar à amizade com Deus, se queremos. Tudo o que lhe posso dar é este corpo miserável, mas, se o der, é suficiente, desde que acrescente ao meu o seu, porque Ele é do mesmo sangue que eu, e é meu. Em ti, Senhor, supro o que me falta. Ó dulcíssima reconciliação! Ó satisfação suavíssima! Ó reconciliação verdadeiramente fácil, mas infinitamente útil, verdadeiramente pequena, mas sem preço!

[...] Deus é imenso e infinito na sua justiça, mas também na sua misericórdia. É grande para castigar, mas também grande para perdoar, e a sua misericórdia tomou a dianteira para que, se nós queremos, a justiça não encontre matéria sobre a qual descarregar o seu rigor. Foi por isso que nos mostrou antecipadamente a sua benignidade, a fim de que, reconciliados com o Senhor por ela, encaremos sem temor a sua severidade. Foi por isso que se dignou não só descer à terra, mas dar-se a conhecer nela; não só nascer, mas manifestar-se nela.

A primeira manifestação: a adoração dos Magos

É por essa manifestação que festejamos o dia de hoje e o distinguimos como dia da aparição: porque hoje vieram os Magos do Oriente em busca do sol de justiça que acabava de nascer, o mesmo de quem se lê: *Eis o homem que tem por nome Oriente* (Zc 6, 12)*. Hoje adoraram

---

(*) A palavra «Oriente» é usada na Sagrada Escritura no seu significado mais antigo de origem ou fonte. O sol nasce no Oriente, e Cristo é comparado ao Sol (cf. Lc 1, 78).

o fruto novo do parto da Virgem, depois de terem seguido a nova estrela que os guiava. Não achamos nisto matéria de grande consolo, bem como na expressão do Apóstolo: *Apareceu a benignidade e humanidade de Deus, nosso Salvador*? Paulo chamou-lhe Deus; aqueles, não com palavras, mas com as obras, também lhe chamam Deus.

Que fazeis, Magos, que fazeis? Adorais num humilde tugúrio uma criança que mama, envolvida em toscos panos? É esse o vosso Deus? Deus está no seu templo santo, o Senhor tem o seu trono no céu, e vós o procurais num vil estábulo, no regaço de uma mãe? Que fazeis oferecendo-lhe ouro? Então esse mesmo é Rei? E onde está o palácio real, onde o trono, onde a corte real? É porventura palácio o estábulo, trono a manjedoura, Maria e José os cortesãos? Como uns homens sábios se fizeram tão insensatos, a ponto de adorarem uma criança que a idade e a pobreza de seus pais tornavam desprezível? Para se fazerem sábios, fizeram-se insensatos, e o Espírito ensinou-lhes antecipadamente o que o Apóstolo anunciaria mais tarde: *Quem quiser ser sábio faça-se insensato para sê-lo* (1 Cor 3, 18). Porque, vendo Deus que o mundo, com a sua sabedoria, não o reconheceu nas obras da sua sabedoria, *quis salvar pela loucura da pregação os que cressem nEle* (1 Cor 1, 21).

Porventura não era de temer, meus irmãos, que aqueles três homens se escandalizassem e se julgassem enganados vendo coisas tão indignas de um Deus e de um Rei? Da cidade, que era onde estava a corte real e onde eles pensavam que deviam procurar o Rei, são enviados a um lugar sem nenhuma importância, e entram num estábulo e encontram um menino envolto nuns pobres paninhos. Para eles, o estábulo não está sujo, os paninhos não os ofendem, não os escandaliza a infância de uma criança de peito: prostram-se, veneram-no como Rei e adoram-no como Deus. Verdadeiramente, quem os trouxe foi quem os instruiu, e quem por meio da estrela os avisou externamente foi quem os ensinou no íntimo do coração. Esta manifestação do Senhor fez ilustre este dia e a terna devoção dos Magos fê-lo devoto e venerável.

A SEGUNDA MANIFESTAÇÃO: «EIS O CORDEIRO DE DEUS»

Porém, hoje não se celebra apenas esta manifestação, mas uma outra que aprendemos dos nossos pais a comemorar. Embora ocorrida muito tempo depois, pensa-se que sucedeu igualmente neste dia.

Tendo Cristo completado trinta anos na carne — porque, enquanto Deus, é sempre o mesmo e os seus anos são eternos —, veio no meio de uma grande multidão para ser batizado por João. Veio como outro qualquer do povo, Ele que era o único sem pecado. Quem havia de ver nEle o Filho de Deus? Quem o respeitaria como o Senhor de majestade? Muito te humilhas, Senhor, e te escondes no mais ínfimo, mas não poderás esconder-te de João. Não foi João que, no seio materno, sem ainda ter nascido, te conheceu antes de nasceres? Não é ele o mesmo que, através das paredes de um e outro seio, te conheceu e, não podendo clamar às turbas, ao menos te mostrou à sua mãe saltando de alegria no seu seio? (Lc 1, 41).

E agora? *João viu Jesus que vinha a ele e disse: Eis o Cordeiro de Deus, eis aquele que tira os pecados do mundo* (Jo 1, 29). Sim, é verdadeiramente um cordeiro, cheio de humildade, cheio de mansidão. É Ele que vai apagar os nossos delitos, purificar a nossa miséria. E, no entanto, pretende ser batizado por João. Este estremece e quer recusar-se. Por que admirar-se? Por que admirar-se, repito, de que um homem trema e não se atreva a tocar o cimo da cabeça de Deus, da cabeça que os anjos adoram, que as potestades veneram, que os principados olham com temor? Queres ser batizado, Senhor Jesus? Por quê? Que necessidade tens de ser batizado? Por acaso um homem de boa saúde precisa de remédios ou um homem puro tem necessidade de purificar-se?

De onde te terá vindo o pecado para teres necessidade do batismo? Do teu Pai? Certamente tens Pai, mas é Deus, e és igual a Ele, Deus de Deus, luz de luz: quem ignora que Deus não pode cair em pecado? Da tua mãe? Tens mãe, mas é virgem: que pecado te transmitiu quem te concebeu sem iniquidade e te deu à luz sem perder a integridade? Que mancha pode ter o cordeiro sem mancha? *Sou eu que devo ser batizado por ti, e tu vens a mim?*, diz João (Mt 3, 14). É grande a humildade por parte de um e de outro, mas não há comparação. Porque, como não havia um homem de humilhar-se diante de um Deus humilhado? *Deixa por agora*, diz o Senhor, *pois convém que se cumpra toda a justiça* (Mt 3, 15). João cedeu e obedeceu: batizou o Cordeiro e purificou as águas. Quem foi lavado fomos nós, não Ele, porque sabemos que foi para nos lavar que as águas foram purificadas.

Mas talvez acredites pouco no testemunho de João, porque ele também é homem e podes suspeitar dele, tanto mais que é parente daquele de quem dá testemunho. Pois bem, eis outro testemunho que se impõe mais que o de João: o testemunho da pomba que vem repousar sobre Jesus.

Não é uma incongruência que venha uma pomba designar o Cordeiro de Deus. O que o cordeiro é entre os animais é-o a pomba entre as aves. Ambos são de uma perfeita inocência, de uma suma mansidão, de uma extrema simplicidade. Há algo tão alheio à malícia como o cordeiro e a pomba? Não sabem maltratar ninguém, não sabem ofender ninguém. Mas para que não penseis que tudo isso foi obra do acaso, aí está o testemunho de Deus Pai: *O Deus de toda a majestade fez ressoar a sua voz, o Senhor fez-se ouvir sobre as muitas águas* (Sl 28, 3), e *ouviu-se a voz do Pai, que disse: Este é o meu Filho muito amado, em quem pus todas as minhas complacências* (Mt 3, 17). Jesus é Aquele que nada faz que desagrade ao Pai, nada que ofenda os olhos da sua majestade. Por isso diz Ele de si mesmo: *Eu faço sempre o que é do seu agrado.* E a voz do Pai: *Ouvi-o.*

Eis que agora, Senhor Jesus, te cabe falar. Até quando te calarás? Até quando farás como se não ouvisses? Estiveste calado durante muito tempo, um longo tempo, mas agora já tens licença do Pai para falar. Por quanto tempo, virtude e sabedoria de Deus, permanecerás escondido no meio do povo como se fosses um homem fraco e ignorante? Por quanto tempo ainda, nobre Rei e Rei do céu, sofrerás que te chamem e te considerem o filho do carpinteiro? Porque, como diz São Lucas, *eras tido por filho de José* (Lc 3, 23).

Ó humildade, virtude de Cristo!, ó sublime humildade! Como confundes o nosso orgulho e a nossa vaidade! Sei um pouco das coisas, ou antes acho que sei, e não suporto calar-me, intrometendo-me e ostentando-me com tanta imprudência como impudência. Ávido de falar, veloz em ensinar, tardo em ouvir. Será que Cristo, quando se mantinha em silêncio durante tanto tempo, quando se escondia, temia a vanglória? Podia temer a vanglória Aquele que é a verdadeira glória do Pai? E no entanto temia-a, mas não por Ele e sim por nós, pois sabia como devíamos temê-la. Era para nos precaver, para nos instruir que o fazia. Guardava silêncio com a boca, mas instruía-nos com as obras, e já ensinava com o exemplo o que depois ensinaria com as palavras: *Aprendei de mim, que sou manso e humilde de coração* (Mt 11, 29). Sei poucas coisas da sua infância, e, desde então até aos trinta anos de idade, nada encontro escrito. Agora, porém, já não pode continuar escondido, porque o Pai o mostrou tão claramente. Mesmo assim, na sua primeira manifestação, quis mostrar-se acompanhado da Virgem-Mãe, porque na virgindade se encontra uma lição de pudor e recato.

A TERCEIRA MANIFESTAÇÃO: OS PRIMEIROS MILAGRES DE DEUS

Encontramos no Evangelho a terceira manifestação, que também se comemora. Convidado para umas bodas em Caná e tendo faltado vinho, o Senhor compadeceu-se do embaraço dos esposos e mudou a água em vinho. *E este foi*, diz o evangelista, *o primeiro dos milagres de Jesus* (Jo 2, 11). Assim, na primeira manifestação, o Senhor deu-se a conhecer como homem verdadeiro, pois se manifestou amamentado pela sua Mãe; na segunda, o testemunho de seu Pai declarou-o verdadeiro Filho de Deus; na terceira, mostrou-se verdadeiramente Deus ao dominar e mudar a natureza.

Com tão grandes provas, hoje confirma-se a nossa fé; com tão insignes demonstrações, robustece-se a nossa esperança; com tão poderosos incentivos, inflama-se a nossa caridade.

Direção geral
Renata Ferlin Sugai

Direção editorial
Hugo Langone

Produção editorial
Juliana Amato
Gabriela Haeitmann
Ronaldo Vasconcelos

Capa
Gabriela Haeitmann

Diagramação
Sérgio Ramalho

ESTE LIVRO ACABOU DE SE IMPRIMIR
A 27 DE NOVEMBRO DE 2023,
EM PAPEL OFFSET 75 g/m².